B杜极短篇故事集（301～400）

A WORD TO THE WISE（TALES 301~400 IN SIMPLIFIED CHINESE CHARACTERS)

B杜

British Library Cataloguing-in-Publication Data. A CIP catalogue record for this book is available from the British Library.

ISBN 978-1-913080-83-9 (ebook)
ISBN 978-1-913080-82-2 (print)

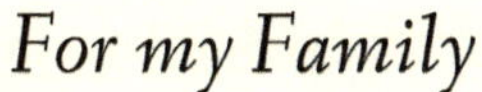

For my Family

（301）

电视台推出一项名为《丛林极限生存挑战赛》的节目，由城中富豪杰夫赞助。该竞赛还未开始就引起轰动，因为奖金高达两百万美元。

经过淘汰赛，有十位选手进入总决赛，其中就包括麦可，他是前世界铁人三项赛的亚军，夺冠的呼声很高。

为期十天的竞赛险象环生，他们一行人曾遇到过丛林瘴气，差点儿中毒身亡；也曾遇到山洪瀑，从山顶冲刷下来的泥石流甚至带走其中两位选手，到现在依旧下落不明；另还有突来的塌方和动物袭击，最后只剩六人走到最后，而第一个抵达终点的人就是麦可，他的胜利实

1

至名归，全国观众都见证了他的果敢与不屈不挠。

"恭喜你获胜！"杰夫伸出手和他握了握，"对于两百万美元的奖金，你有什么计划？"

"目前还没想到。"

"我给你两个选择，一是按之前说好的，你拿着两百万美元回家去；二是马上原路返回，当回到起点时，我给你一千万美元。提醒你一点，如果你选择后一项但挑战失败，那么你的奖金将归零，一分也没有。"

经过十天的餐风露宿，麦可已经疲惫不堪，他现在最想做的便是洗个热水澡，吃顿好的，然后上床睡觉。然而一千万美元的诱惑实在太大，如果拿到了，他下半辈子完全可以不用再为钱烦恼。

考虑了半个钟头后，麦可决定接受挑战，可是负责跟拍他的摄影师不干了。

"我扛着15斤重的摄影机爬上爬下容易吗？"他怒发冲冠，"起码也得让我洗个热水澡，吃顿好的，再上床睡一觉。"

西元2051年，全球进入元宇宙，只要戴上头显，再连接终端机，就能以虚拟分身的方式进入由计算机模拟好的虚拟世界。

为了拥有更好的体验，梅芳斥巨资买下最新款的VR一体机，它无需借助任何输入或输出设备，同时也不受数据线的束缚（可以自由活动），堪称完美！

"这下好了，全家的太空旅行算是泡汤了，妳到底有没有想过我和孩子们的感受？"梅芳的老公大发雷霆。

买VR一体机时，梅芳也曾犹豫过，最后还是败给自己的私心。

"对不起，我答应从现在起不再乱花钱，明年的中秋节我们照样能上外太空。"梅芳答。

"妳总是这样，我感觉妳的心根本不在这个家。"她的老公哀叹一声，"罢了！我带小齐、小欣去我爸妈那里，妳自己在家好好反省，如果真过不到一块儿去，该办手续就办手续吧！"

大门关上后，梅芳陷入五里云雾里，但只一会儿的工夫，她便将烦恼抛到九霄云外，开始走进与现实世界平行的模拟时空内……

"妳来了。"她的搭档尼森说。

"是的。"

"今天的任务是解救纳国总统，他被乌卡拉政府给囚禁在太平洋的某个小岛上。"

"收到了，武器呢？"

"已经备妥，现在就能出发。"

经过重重的艰险与障碍，他们最终克服困难，解救了纳国总统。

"梅芳，妳太了不起了！"尼森说。

"哪里，没有你，我完成不了任务，"梅芳摘下防护头盔，"我该走了。"

"能不能别走？见不到妳，我的心无处安放。"

从过去几个月的相处中，梅芳隐约感觉到尼森的爱意，他是她见过最具魅力的男人，只是没想到他会在如此猝不及防的情况下向她表白。

"我……我不知道。"

"妳当然知道。"尼森上前拥抱她，"我爱妳，至死不渝。"

梅芳的老公和孩子们在两天后进门。

"爸，妈不理我。"小齐说。

"她好像睡着了。"小欣说。

男人走进书房，发现自己的老婆戴着头显躺在地上，身体已经僵硬，但嘴角有一丝笑意。

有个影子与主人走失了，它整天惴惴不安，像失根的浮萍。

几天过去后，主人仍无消无息，它心想总不能这么干等下去，于是主动寻找。

它首先来到大草原，发现了几只狮子，其中一只没有影子。

无主影子太开心了，马上飞奔过去，没料到原本趴着的狮子却忽然站起来。

"原来它有影子，就在脚底下。"无主影子泄气地说。

它接着来到河边，貌似水里的鱼都没有影子。这个新发现鼓舞了无主影子，它马上下水，结果错了，只要潜得够深，水下万物皆有影子。

虽然失望，不过也不是一无所获，因为鱼儿告诉它白雪皑皑的世界里没有影子。

听到这个消息，无主影子马不停蹄地赶往北极，可是……又错了。

精疲力尽又极度绝望的无主影子忍不住坐在雪地里哭泣。北极熊走过来，问它出了什么事？

"我……我与主人走失了，怎……怎么也找不到。"无主影子抽抽嗒嗒地答。

"别哭，让我看看。"北极熊仔细打量它，"根据你的体形，你的主人应该是人类，而且是个男的，平头，左耳戴着一个蛇形耳环。"

听北极熊这么一说，唤起了无主影子的记忆，它依稀记得有这么一个耳环。

从此，无主影子有了"比较清晰"的目标，它踏遍千山万水，就为了寻找左耳戴着蛇形耳环的平头男子。

某天，鹭鹤告诉它："我知道哪里有你想找的人。"

于是无主影子跟着鹭鹤来到一个广场上，果然在喷水池旁看到左耳戴着蛇形耳环的平头男子，那人的脚底下没有影子。

"这是不是你的主人？"鹭鹤问。

"不是，我的主人是一名成功人士，不是行乞者。"答完，无主影子头也不回地走了。

广场上的这名行乞者叫纳非，为了找寻遗失的影子，散尽家财，最后沦为乞丐……

（304）

赵默凡参加一档综艺节目《催眠大师》，由屡受争议的戴博士对他施予催眠，看困扰他多年的失眠症能否治愈。

一切都进行得非常顺利，当催眠结束后，戴博士颇具信心地说："这位先生今晚就能睡个好觉。"

由于下礼拜还要重返节目现场，工作人员在赵默凡的房间内装上摄像头。

录相显示第一天晚上赵默凡辗转反侧，而且貌似频尿，几个小时后才进入梦乡。以后数天，情况越来越好，有时头一沾枕就能入睡。

这个结果大大振奋人心，同时也打脸质疑戴博士的人。

"很明显这个催眠是成功的，赵先生，您有什么话要说？"主持人问。

"我想说……那个监控摄像头像一双眼睛，让我更加睡不着，后来我和我弟交换房间了。"他答。

（3O5）

冯亚文被公司派到哥伦比亚担任区域经理一职，每当午饭过后，他总喜欢到办公楼附近的咖啡厅小坐一下。

这一天，当他边喝咖啡边看窗外风景时，身后两个女人的对话吸引了他的注意。

"我的中国男友好爱我，可惜我们不得不分手。"

"为什么？"

"他说我的生肖属鼠，他的生肖属猫，猫吃老鼠，代表我们的结合会危及到我

的生命。为了保护我，他不得不忍痛离
开我。"

"哇！他真的好爱妳，希望我也能遇到
那样的好男人。"

……

冯亚文听了想笑，这是他听过最狡猾的
借口，同时也心生好奇，到底是哪只恐
龙能让男同胞避之唯恐不及？没想到这
一望便是一眼万年，"明眸皓齿，丰肌秀
骨"已经不足以形容眼前这位尚顾影自
怜的女人。

他压抑了好几天，最后还是败给了自己
的荷尔蒙，当再一次遇到女神时，冯亚
文毫不犹豫就展开追求。这一接触，坏
了，仿佛粘上橡皮糖，甩也甩不掉。

"亲爱的，你在哪里？"他的女友问。

"在公司加班。"

"你让你同事接电话。"

"何必呢？我说加班就是加班，妳怎么
不信？"

"那好，我这就过去，到时你从窗户探出头来，我好确认你真的在加班。"

……

这样的紧迫盯梢，是个人都受不了。

终于在一个落叶飘零的午后，冯亚文决定终止这一切。他把女友约出来，很掏心掏肺地说："亲爱的，妳的生肖属鼠，我的生肖属猫……猫头鹰，猫头鹰吃老鼠，代表我们的结合会危及到妳的生命。为了保护妳，我不得不忍痛离开妳……"

……

（306）

有个渔夫捕到一条美人鱼，他把她带回家，养在池塘里。

美人鱼害怕极了，呜呜呜地哭泣，掉下一颗又一颗的珍珠。

渔夫太太一看大喜，把珍珠收集起来拿去卖，可是珠宝商却说这些珍珠都太小了，而且形状各异，完全没有收购价值。

"你都收哪类珍珠？"渔夫太太问。

"当然是又圆、又大、又亮的。"

渔夫太太回家后马上命令美人鱼哭，而且必须哭出又圆、又大、又亮的珍珠来。

也许已经没有初来乍到的恐惧，美人鱼一滴眼泪也没掉。

这可不行！

渔夫太太立即拿来鱼叉跳进池塘里，打算让美人鱼皮开肉绽，如此一来，还怕她哭不出来？

当黑夜降临，渔夫发现自己的老婆不见了。他到处寻找，最后来到自家的池塘边，发现美人鱼趴在那里哭泣，鱼尾巴还泡在水里。

"妳怎么了？"渔夫看着地上晶莹剔透的珍珠问。

"我好难过，"美人鱼的眼眶又滚出一颗珍珠来，"如果不是难过到了极点，我哭不出又圆、又大、又亮的珍珠来。"

"妳为什么难过？"渔夫又问。

美人鱼望向池塘正中央的位置，月光下，那里好像飘浮着什么……

（307）

今天阳光明媚，小野的心却被乌云笼罩，他感到好压抑，很想把多年的计划给实施了，只是还有些许犹豫。

"这样吧！如果去往大桥的路上有人对我微笑，我就取消计划。"他心想。

主意一打定，他穿上最喜欢的黄外套和耐克跑步鞋，还把头发梳得整整齐齐的。

从小野的家到大桥约一公里路，他打算步行前往。走着走着，他遇到一个挑着担子的大妈。

"小伙子，买红莓不？"大妈粗声粗气地问。

"我没带钱。"

"没钱就待在家里，出来干嘛？"

大妈没对他微笑。

第二个遇到的是一对母子，看样子像赶着上课，男孩身后还背着琴盒。

那母亲形色匆匆，肯定不会对小野微笑，但男孩会不会？

小野盯着男孩瞧，结果男孩对他吐舌头，一副厌恶的表情。

走到十字路口，小野发现有个老人躺在地上，赶紧上前扶他一把。

"来人啊！撞人了。"老人喊着。

"我是好心扶你，再说了，我是行人，拿什么撞你？"

"我不管，你一定是撞我了，否则为什么扶我？"

看一时扯不清，小野用力挣脱老人紧抓的手，拔腿就跑。

当他气喘吁吁地来到大桥上，阳光依然灿烂，但小野的心更加灰暗。没人对他微笑，一个也没有，看来死亡是命中注定……

此时，一阵强风袭来，小野忍不住闭上双眼。再睁眼时，他发现护栏上插着一朵小黄花，正迎风摇曳。

"是你在对我微笑吗？"小野问。

小黄花前后摆动，像在回应他的问话。

本报讯：昨日嘉立大桥发生跳河事件，高中生江原野被发现时已无生命体征。据捞尸人说，这是他第一次看到带着微笑的遗体……

（308）

很久以前，张三娶了一个老婆，刚开始还平静，后来两人争吵不休，张三很苦恼。

很久以前，李四娶了两个老婆，一开始就不平静，两个老婆整天争风吃醋，李四很苦恼。

很久以前，王五娶了三个老婆，一开始不平静，后来相对平静，因为三个老婆变成两个阵营，如何拉拢第三人成了老婆们的首要任务，王五没那么苦恼。

……

很久以前，杨九有个庞大的后宫团，他不清楚背后是否平静，只知道每个老婆

都使尽浑身解数讨他欢心，杨九一点儿
也不苦恼。

（309）

宅焉国的王储流连于美色之中，终日寻欢作乐，对国事完全不上心。

老国王看在眼里，急在心里，改立公主为王储的念头与日俱增。

"陛下，合马王子是您的唯一子嗣，如果把王位传给雪通公主，怕会引起宫乱。"

"总管有何高见？"

"何不把王位传给您的长孙——克里王子？他是合马王子的亲儿子，虎毒不食子，引起的纷争最小。"

老国王心想克里王子虽然未成年，但个性沉稳，的确比他的父亲靠谱多了。

"行，择个良辰吉日宣布吧！"老国王下令。

结果风声走漏，合马王子先下手为强，把老国王和克里王子软禁起来（那个出馊主意的总管则被凌迟，死状甚惨），自己迅速登基，同时宣布有智力障碍的二儿子为王储。

接下来的28年里，宅焉国经历了史上最黑暗的时期。当这位淫乱、残暴且不关心百姓死活的统治者一去世，智障王储迅速登基，全国上下无不担忧这个傻子国王会带来更多的灾难。

然而事实证明傻子国王并不傻，他一步步将宅焉国带向富足安康的道路，所以当国王的40岁诞辰来到时，全国人民自主走向王宫前的广场，高喊："国王万岁、万岁、万万岁。"

傻子国王看到黑压压的人群，高兴得手舞足蹈。

"今天记得给我弟加餐，他喜欢吃鸡腿。"一位神秘人说。

"是的。"总管毕恭毕敬地答。

（310）

自从老公意外身亡，一直都是他的好朋友程晓冬在照顾自己，流言蜚语也随之而起。

"对不起，让你受委屈了。"魏雪蔓说。

"哪里，张祺的事就是我的事，嫂子不用放在心上。"

两年过去后，程晓冬向魏雪蔓求婚。考虑再三，魏雪蔓答应了。

新婚第一晚，程晓冬就搬到书房，理由是害怕自己打鼾的声音会影响到妻子的睡眠。

"张祺睡觉打鼾吗？"魏雪蔓问。

"这个……"程晓冬红了脸，"妳不知道吗？"

"不知道。我和他结婚的第一晚，他也搬到书房，理由也是害怕打鼾的声音会影响到我的睡眠。"

见程晓冬沉默不语，魏雪蔓说她就想知道答案，这个对她很重要。

"没有，张祺睡觉从不打鼾。"程晓冬终于承认。

等自己的二婚老公离开后，魏雪蔓泪如雨下，获得真相的代价可真大。

（311）

穷人向精致招手，精致说："滚一
边去，我要找的是长期客户。"

（312）

布朗总统有洁癖，但他从不当面抱怨，而是告诉管家，以致官邸上下无不对管家的苛刻怨声载道，但表面上还是做到唯命是从。

这一天，布朗总统在花园里散步，忽然发现一只蜘蛛，他把正在一旁修剪花木的园丁叫过来，说："这是狼蛛，它们像狼一样追逐猎物，因而得名。这种蜘蛛虽然少有攻击性，但能分泌毒液，所以还是有一定的危险性……"

园丁心想总统先生可真亲民，待他完全不端架子，当初投票没选他，真是看走眼了！

回到室内后，布朗总统立刻招来管家，痛批他失职，花园里有隐形杀手竟然浑然未觉。

管家频频道歉，一转身，把园丁骂成孙子。

"好个狐假虎威！"园丁在心里骂道，"总统先生都没说什么，他倒好，把自己当成主子了。"

（313）

王小健5岁时踢了狗一下，村里的李婆婆告诉他要爱护动物，王小健左耳进右耳出。

1o岁时，王小健放火烧蚁洞，邻家姐姐说即使是小小的蚂蚁也有生存的权利，王小健听而不闻。

2o岁时，王小健在学校虐猫，视频上传到网络，让他一度社死（社会性死亡，指丢人的事情被揭发，导致自己在社会上没脸见人），但热度一过，他又旧态复萌。

3o岁时，王小健到非洲草原狩猎，不仅拔了象牙，还杀死怀孕中的羚羊，一尸二命。

40岁时……

50岁时……

60岁时，王小健成了动物保护协会的一员，在他的不懈努力下，挽救了许多频危动物。

听说王小健的故事后，有记者致电采访，问他为何前后判若两人？

"某天我一觉醒来，突然有了慈悲心，不是在我5岁时，也不是在我10岁、20岁、30岁……时，偏偏选在花甲之年，除了命运的安排外，还能是什么？不说了，今天是我的购物日，我的导盲犬还在门口等我呢！"他答。

（314）

同事听说陈生在找房，给他介绍一个联排别墅，租金非常便宜，跟一居室的公寓一个价，陈生很高兴地租下。

搬家前，该同事跟他说："我女友想住市区，迫不得已才搬。放心，屋子我已经清洗过了。"

这栋新租下的别墅是同事转租给陈生的，难得搬走前还打扫了，实在够意思！

事实证明陈生还是过度乐观，别墅内依旧凌乱（显然打扫得不到位），墙上甚至贴着几张鬼画符，这也太有碍观瞻了，陈生立马撕下。

忙活了一整天之后，屋子总算收拾干净，陈生匆匆洗个澡便睡下。

半夜，他被桌椅搬动的声音给惊醒，于是起床查看，发现屋内并无异状。

"这邻居也太会来事，半夜搬什么桌椅？"陈生心想。

没料到这种情况每晚都会发生，有时连白天也是。陈生想过敲邻居的门沟通一下，最后还是打消主意，毕竟维护邻里间的和谐很重要。

陈生的女友偶尔会来别墅小住，她问陈生有没有听到桌椅搬动的声音？

"有，经常。"他答。

"邻居家开补习班吗？"女友又问。

"应该不是，左右邻居看起来都不像老师，平常也没见孩子出入。"

"这就奇怪了，那些桌椅听起来至少有十几张。再说，平常人偶尔搬动桌椅是可能的，至于天天搬动吗？"

陈生心想不无道理，为了打消疑虑，他决定问个明白。一问之下，吓坏了他，原来这别墅是附近有名的鬼屋，他的同事在不知情的情况下搬进去，后被各种灵异现象所困扰，虽然请了道士作法（俗称清洗），但不管用，只好搬走，没想到后来被陈生租下。

听完，陈生面如死灰，原以为自己捡到大便宜，结果却是个接盘侠，接的还是个鬼屋盘。

思来想去，陈生除了在墙上贴上法力更强的符咒外，还请来记者曝光，间接给房东施加压力（他的要求不多，只要拿回押金及预付的租金即可）。

记者听说后，很是兴奋，还有什么比鬼屋话题更吸引人？于是在别墅内架好录像机，同时打开收音器。可惜录了三天，一切正常，把记者给气得脏话连篇。

被记者拉黑，陈生也很无奈，然而更糟糕的事还在后头，或许是抗议陈生叫来记者，"鬼屋"当晚发出的声音和平常大不相同，音量还更甚，逼得陈生起床查看。

这一看，他吓得说不出话来，因为屋内仿佛起了龙卷风。

陈生还来不及做出反应，头被吹过来的某样东西给击中，随即失去意识。

隔天醒来，陈生发现自己躺在床上，莫非昨晚诡异的一幕不过是恶梦一场？

他巡视屋内，一切正常，除了符咒（那些原本贴在墙上的符咒此时散落各处，像被台风扫过）。

女明星雪莉昨晚睡觉时被蚊子叮，她特意在眼皮上抹上厚厚的眼影。

首映会上，《简报》记者问她怎么眼睛肿了？她如实相告。

没想到隔天的影视版上出现的是：雪莉被男友痛殴，眼睛肿得像核桃。

几个月后的电影节上，当雪莉走红地毯时，同一名记者又问："妳最近丰满不少啊！"

"是啊！你是不是要写我怀孕了？"雪莉讽刺。

隔天的影视版上写着：女明星雪莉承认怀孕，预产期在明年春天，孩子的父亲是圈外人士，做的是金融业……

又过了几个月，那名记者出现在雪莉的新书发布会上。

"这个人是谁？把他赶走！"雪莉对工作人员说。

虽然被驱赶，但不影响该记者完成使命。隔天的影视版上写着：女明星雪莉跨界写作，新书发布会上人山人海，目测约有数十万人……

（316）

凯西是已故将军遗孀的住家保姆，当夜深人静时，她偷偷打开后门，让认识不久的男友进来，像过去几天一样。

可是今晚愣是不同，男友进来后，直接上楼去。

"亲爱的，你走错了，我的房间在楼梯底下。"凯西仰头说。

男友没有停下脚步，凯西只好跟着上楼，这才发现他翻箱倒柜，似在寻找什么东西。

"你干什么？"凯西喊，同时上前制止，结果被男友一拳击倒。

当她醒过来时，早已物不是人不非（将军遗孀被杀，失窃物品不详）。

警察问她发生了什么？她一五一十地交待，但回答男友信息时却很模糊。也难怪，他俩认识还不到一个月。

蹊跷的是，在证据未确凿的情况下，凯西被判谋杀及盗窃罪名成立，并且快速执行死刑。据说行刑前，凯西喊冤的声音响彻整个狱所……

愤怒的群众自发来到法官的住宅外面抗议，喊口号的声音穿墙而入。法官太太很害怕，问自己的老公是不是冤枉人了？

法官也知道自己错判了，但能怎么办？一个被策反的特工若浮出水面会让国家的颜面扫地，两害相权，他只能牺牲保姆了。

小曾是电台某谈话性节目的播音主持，花名"知心哥哥"。由于主持风格感性中不失幽默，所以拥有一批死忠的听众，尤受年轻人欢迎。

这一天，小曾收到电台转来的一封信，确切地说，这是一封求助信，来自他的长期听众——楚肖。

本来小曾对听众的来信并不上心，但读完信后，他立即拨打信上所留下的手机号码。

隔天，他们在咖啡厅坐了约一个小时后离开，两人后来在小曾的家里发生亲密关系。

小曾以为还会有后续，但楚肖从此人间蒸发，直到半年后警察找上门来，他才知道事情不像他所想的那样。

"楚肖呢？"小曾问楚肖的代理律师。

"他被保护起来了，你不会再见到他。"

"不，我一定要见到他。当初……当初我没有勉强他，还有，我不知道他是未成年人。"

"你还好意思说，他有性向困扰而向你求助，你却让他放开天性，说这是另类疗法。"

"这的确是另类疗法啊！我已经有半年没看心理医生了。"小曾答。

（318）

杨丽花的个性大大咧咧、不拘小节，完全没有女孩子该有的样子。她的母亲很发愁，不知该如何是好？

邻居大婶建议她给女儿改名，说得神乎其神。杨妈妈很心动，最后花了200元请师父改名。

改名后的杨丽花浑身不自在，以前别人唤她时，她总回一句："干嘛？"。现在听到有人唤她的新名字，她总不由自主地低眉顺眼，语气和用词也与以往大不相同。

这一天，体育老师点名。

· · ·

"陈一航。"

"到。"

"范哲刚。"

"到。"

"杨雨柔。"

"到。"

"魏海威。"

"到。"

……

点名完毕，体育老师说："奇怪，我记得你们班有个男人婆叫杨丽花，她呢？转学了吗？"

大伙儿哄堂大笑，然后一个弱弱的声音响起："杨丽花已经涅槃重生成为杨雨柔了。"

（319）

电视台有个"宝宝爬行比赛"的节目，工作人员在20米长的爬行道上布满各种玩偶和机器人，宝宝只要在规定时间内爬向在终点站等候的母亲即获胜，奖品玲琅满目，总价值超过三万元。

这一天吃完饭，乔医生与家人一起观看该节目，据说自开播以来还没有宝宝挑战成功过。然而今天不一样，哨声一响，一个穿蓝衣的男宝宝一马当先冲出起跑线，边哭边爬向自己的母亲，对路上的玩偶和机器人完全不感兴趣，只花了不到三分钟的时间就抵达终点，比规定的五分钟还要快上很多。

正当大家齐声赞美该宝宝时，乔医生却摇头。

"怎么了？"他的老婆问。

"宝宝被外物吸引很正常，如果视若无睹，一心只在母亲身上，很可能有先天上的心理缺陷，这是需要担忧的，可是现场却欢声雷动，实在是一大讽刺啊！"乔医生答。

游春霞14岁时与一个做木工的男人私奔，生下两个孩子后，男人不告而别。为了养活自己和孩子，她嫁给一个脾气暴躁的卡车司机，并且又生了两个，直到被打到骨折，她才下定决心带着四个孩子离开。

一年后，她跟了个厨师，但男人的运气不佳，半年后便车祸身亡，此时游春霞已怀有身孕。

知道辖区内有如此命运多舛的女人，村干部提着大包小包上门安慰，同时承诺等生产完便给她一个扫大街的工作。

"谢谢！"游春霞噙着泪水，"如果不是为了孩子，我早了结性命了。"

"依我的浅见，生活困难就不该多要孩子。"村干部说。

"不，我从不后悔生下他们。"

村干部离开后，游春霞见家里的老大神色有异。

"阿玲，妳怎么了？"她问。

"没什么。"

"有话直说，妈听着。"

"我……"阿玲犹豫了一下，最后还是说了，"我后悔被妳生。"

（321）

农村女人若生不出孩子会被唾弃，这早已是不争的事实。周来顺就遇到这等的烦心事，她的公婆已经指桑骂槐很久了，老公也没给好脸色看，现在的她度日如年。

某天，村里的季婆婆把她拉到一旁，问："想不想要个孩子？"

"领养的不要，阿义不会同意的。"周来顺答。

"傻瓜！我是指真正怀胎。"

讲到这个，周来顺不免心伤，为了怀孕，她试过各种方法，求神拜佛就不提了，连生吞活蚯蚓的事都干过，但肚皮依旧不争气。

"我告诉妳啊！"季婆婆压低声音，"想怀孕就得找徐半仙，通常作过几次法就能见效。"

徐半仙是隔壁村的算命师，周来顺见过几次，那双眯眯眼很令人厌恶。

"再说吧！"她意兴阑珊地答。

没想到接下来季婆婆细数那些被徐半仙帮助过的女人，都是周来顺平常打过招呼的，原来她们都曾有过同样的困扰，现如今却是一副"有子万事足"的模样。

这下子周来顺动心了，当天下午就去找徐半仙。

经过两个月的"求子仪式"后，周来顺成功怀孕，并且在隔年夏天迎来一个大胖小子。她的婆家高兴坏了，对她的态度也18o度大转变，"母凭子贵"大概说的就是这个。

这一天，趁着孩子睁眼了，周来顺唤来老公，让他能好好看清楚自己儿子的长相。

她老公抱着襁褓中的婴孩目不转睛，脸上有迷惑的表情。

"怎么了？"周来顺问。

"奇怪，孩子的眼睛怎么这么小？像眯成一道线似的。"她的老公答。

"奇怪，孩子的眼睛怎么这么小？像眯成一道线似的。"她的老公答。

丽雅又为了一件小事和男友大战，最近总是这样，已没有当初相恋时的美好与甜蜜。

吵架总令人沮丧，为了转移注意力，丽雅上网查询最大号行李箱，那是母亲要她代买的。

一个小时过去后，男友进到她房内，问她要不要和好？

丽雅的气未消，当然答不。

"妳……妳……至于吗？"她的男友脸色惨白地问。

"我就是这么任性，咋地？"

话一答完，她的男友拔腿就跑，让丽雅一头雾水。

等她将目光重新移回到电脑，赫然发现方才她所查询的问题尚未删除，上面显示的是：**能装人的行李箱。**

（323）

老虎和狮子都想戴上森林之王的皇冠，它们各有拥护者，时不时大打出手，为此丧命者不在少数。

终于，可怕的一天来到，两边成员由于长期斗殴而全部阵亡，这个森林最终只剩下老虎、狮子和狐狸。

老虎和狮子一商议，决定以狐狸为对象，谁先咬死它便是永远的森林之王。

狐狸一听大惊失色，它慌忙阻止这个愚蠢的约定，因为失败者得远走他乡，而胜利者只能守着空荡荡的森林，怎么看都是两败俱伤。

"你有什么建议？"老虎和狮子同时问。

"我的建议是由我保管皇冠，直到你们当中的一位被我认定是森林之王为止。"

几年过去后，原本冷清的森林又重新热闹起来，你若问起谁是森林之王？所有动物纷纷表示不清楚，不过森林之神是知道的，它就住在森林里唯一的一座宫殿内，每天一早，老虎和狮子都会抢着去请安，雷打不动。

李小媛与城中富豪阮云霄在一起不图钱，吃什么、玩什么、用什么，只要开心就好，从不坚持一定要贵的。

阮云霄曾试探性问她："要不要买栋房子给妳？"

"不需要，现在的租处挺好的，我已经很满意了。"

花心大少似乎很吃这一套，两年下来没再犯桃花。当大家以为他终于安定下来时，谁知他那颗蠢蠢欲动的心又起，这次的对象是个女大学生，在读。

与阮云霄分手后，李小媛通过律师把账单奉上。

阮云霄一看，一小时要价500元，看似不多，却是包年。等于两年下来，八百万元没了。

"我以为她和我在一起不图钱。"阮云霄说。

"我的当事人的确不图钱，她主张的是拿回她的时间损耗费。另外，这是近两年来您在她家的食宿费用，与时间相比，这才是大头。"

阮云霄看完，血压立即升高，他怒喊："一瓶矿泉水十万元，一晚的住宿费一百万元，她怎么不去抢银行？"

"超市的矿泉水只要3元一瓶，酒店的一晚住宿费不过数百到数千，但您喝的水是我的当事人预备留给自己喝的，您睡的床是我的当事人预备只留给自己睡的。换言之，她有权坐地起价。"律师答。

有句话"免费的最贵"，这次阮云霄算是深刻体会到了。

帕楚天人交战好几日后，还是决定营救那个叫香波的女孩，她才12岁，尚有大好的前程等着她。

面对报案，警察反而对帕楚这个人更感兴趣。

"雏妓好玩吧？！说来听听。"

"结婚了吗？太太是不是不能满足你？"

"你这个癖好是什么时候有的？一个中学教师的薪水恐怕很难支持你天天买春吧？！"

……

· · ·

帕楚是个单身汉，性交易之前并不知道对方是个未成年人，看女孩泪眼婆娑的样子，他一度动了恻隐之心，无奈精虫上脑，最后还是侵犯了她。等冷静下来后，他后悔不已，为了弥补过错，这才展开营救。

如今警察的态度让他的心冷了一大截，更糟的是他的自白成了铁证，成功把自己送进了监狱，罪名是"嫖幼女"，再出来时已物是人非。

那个雏妓窝点后来换了个地方又重新开张，性交易仍然在进行，而帕楚已不再是原来的帕楚。

若说帕楚无辜，他毕竟犯罪了；若说他泯灭人性，好像也不对，他不是报警了吗？整件事如果真要挑错，无非是"天真"那个家伙，它频频给"老实人"惹祸，早已恶名昭彰。

（326）

苏菲结婚时，她的姐姐没有从美国赶回来参加，因为老公正在准备博士生答辩，而家里的孩子出疹子，整天哭个不停。

"没关系，婚后我和小齐飞到美国看你们。"苏菲答。

结婚当天很繁忙，但苏菲还是听到了话屑子，无非认为苏菲的姐姐太不近人情，自己唯一的亲妹妹结婚，再怎么也得克服困难回国参加婚礼才是。

一个人讲还无所谓，当周边人都躲起来议论纷纷时，苏菲顿时感觉自己可怜。是呀！再怎么也能克服困难，姐夫就不提了，成年人还不会自己照顾自己吗？

至于外甥……把他交给同在美国的爷爷奶奶即可。

正因这番自怜所引起的埋怨，苏菲的大好心情变得黯淡无光。等到了美国，一件小事便将压抑的怒火点燃，把原有的姐妹情给烧没了。

让我们将时间拨回到苏菲结婚当天，如果……看看结果会不会有所不同？

"小菲，妳姐什么时候到？"伴娘A问。

"她不参加婚礼，因为她老公正在准备博士生答辩，而孩子不巧出疹子了。"苏菲答。

"博士生答辩很重要，我亲眼目睹朋友为了应付这个，硬生生从头发浓密变成了秃子。"伴娘B说。

"没想到学术圈内卷得这么厉害。"化妆师边给新娘涂眼影边说，"我结婚了，孩子一岁多，只要他一病，大人仿佛天塌下来似的，那种压力会压得人喘不过气来。"

此时，苏菲嚅嚅地表示她姐姐的公婆也住在美国。

"这种事还是尽量不要麻烦婆家，他们也有自己的生活要过，何况有谁会比亲妈更加知冷暖呢？"伴娘C说。

言谈之间，苏菲明白了姐姐的不易，真希望自己能插上翅膀飞向她，好助她一臂之力……

瞧！这就是舆论的力量，既能成就美事，也能杀人于无形。不说了，我刚接了个活，手里的水军正等着我运筹帷幄呢！

（327）

家里的两条狗一向是老婆在照料，王老先生从来不管不问，无奈这天老婆忙着包粽子，他只好牵起狗绳遛狗去。

路上他遇到邻居老庄，两人交谈了一下，不过一会儿的工夫，吉娃娃不见了。

王老先生吓坏了，手里的绳子一时没抓牢，让泰迪犬也逃之夭夭。

想到回家必有一番争吵，他意兴阑珊地走出小区，这一走就是大半天。

"老王！"他老婆边哭边向他跑来，"原来你在这里，害我好找。"

"我……"

"不说了，不说了，咱们回家。"

王老先生到家后，家里的狗冲着他又叫又跳，一只也没少。这下子王老先生懵了，莫非自己灵魂出窍？

当晚，王老先生发现自己的老婆躲在厕所里讲电话。

"儿啊！今天你爸去遛狗，结果狗回来了，人丢了，你说他是不是得了老年痴呆症？"王老太太压低声音说。

（328）

马哈是个马拉松选手，每天花6个小时在训练上。他的教练认为他不思进取，想要好成绩，6个小时根本不够。

"如果超过6个小时，我会有倦怠感，久而久之，我怕自己就不喜欢这项运动了。"马哈答。

听完，教练摇摇头，心里已经放弃了马哈。

反观茂德，他也是马拉松选手，每天花10个小时以上的时间在训练上。他的教练认为他指日可待，想要好成绩，这个训练量是必需的。

二十年过去后，马哈一块奖牌也没得到，茂德却是荣誉加身。当他们双双退役后，前者成了房产中介，后者成了一名商人。

此后，大大小小的马拉松赛事中仍能见到马哈的身影（志在参加，不在得奖），但茂德已经彻底离开这个圈子，甚至连想都不愿想起。

（329）

今天一大早，刘作家的老公就发了好一顿脾气，原因是蛋煮老了，他最讨厌吃没流心的水煮蛋。

"下次留意就是，你没看我忙？待会儿还得送小怪兽上幼儿园呢！"刘作家疲惫地答。

老公走后，小怪兽仍慢吞吞地进食，这得吃到猴年马月？于是刘作家把食物硬塞进小怪兽的嘴里，再强拉他出门，一路上尖叫及哭喊声不断，不知道的还以为这是上行刑场。

到了幼儿园，老师说小怪兽整天动个不停，也许该上医院做个彻底的检查……

刘作家嘴巴说好，心里却犯嘀咕："切，哪家孩子不动来动去？没结过婚的女人就是这么容易大惊小怪！"

回家后，刘作家把脏衣服扔进洗衣机，然后坐下来写作，她的《两大一小的幸福生活》已经写到第568章，订阅人数超过百万。

今天阳光明媚、惠风和畅，老公一起床就心情大好，他说我的流心蛋做得不比茶餐厅差，软嫩的口感能让他回味一整天。

老公走后，宝宝问："爸爸去哪里？"

"爸爸上班赚钱去，有了钱才能给宝宝买爱吃的东西和爱玩的玩具。"我答。

"爸爸好厉害，将来我也要当爸爸。"

孩子的童言童语让我不禁莞尔一笑。

吃完早餐，我让宝宝穿上他最喜欢的水手服，然后我们一起手牵手上学去。

笑脸相迎的幼儿园老师接过孩子后，说："你家宝宝真活泼，每天都精力充沛，而且反应灵敏，一教就会。"

我说是老师教得好，这年头有干劲和爱心的老师难找，我家宝宝真幸运，遇到了好老师……

（330）

郑蓓露想买部手机，一个獐头鼠目的男人老在她身边打转，让她惶惶不安。

为了摆脱麻烦，郑蓓露很快离开手机专卖店。没想到那个人也跟过来，并且在转角处欺身而上，吓得她尖叫声连连。

"别叫，我不是坏人。"那个男人说。

"你……你想干嘛？"

"我留意到妳对苹果 12 感兴趣，我手中刚好有货，1000 元卖给妳。"

iPhone 12 的新机售价是五千多元，这个人却卖 1000 元。

"我不买山寨机。"答完，郑蓓露转身离开。

走没几步，她的背后传来声音："我偷的。"

（331）

黛安胃疼了一整晚，辗转反侧，痛苦得不得了，她心想："身体健康真的好重要，一旦胃不疼了，我发誓不再自寻烦恼。"

隔天，黛安的胃真的不疼了，但她依旧烦恼这、烦恼那，只有一件事她不烦恼，那就是：万一胃又疼了，我该怎么办？

（332）

国际生物学大师史怀特来访，佩姬得了接待的机会，她为此兴奋不已。

在一个星期的访问时间里，除了演讲和参加座谈会之外，大会还安排了参观鳄鱼园的活动，也算是在紧密的行程中塞进了娱乐项目。

当他们一行人来到鳄鱼园时，正巧园方在投食，把一箩筐一箩筐的食物往水池里倒。

"这倒的是什么动物的鸡腿？"史怀特问佩姬。

"是……是鸡。"她吓得话都说不利索。

（333）

纪小宝考进重点高中，难得学校还提供住宿，他便从村里搬到市里。

初来乍到，纪小宝对周围的一切感到好奇，尤其学校附近还有一栋五层楼高的图书馆，在他的家乡，根本没有图书馆。

这一天，他骑自行车在市里闲晃，一不小心，迷路了。

他又骑了半个多小时，发现眼前工厂林立，这下子肯定是骑远了。

碍于身上穿着校服，他不好意思问自己的学校在哪里，所以拐了个弯，问："您好，请问市图书馆在哪里？"

路人想了一下，突然灵光一闪，答："市图书馆就在你就读学校的附近。"

纪小宝顿时无语了。

听说心理咨询师尼娜拥有五个博士学位，不少患者前去就诊。没多久，她的博士学位遭到质疑，尤其她才30岁，这让在博士学位道路上屡战屡败的人怎么想？

尼娜不慌不忙地表示那些全是名誉博士，这可以很好地解释为什么她年纪轻轻就能拥有五个博士学位。

当被问到都是哪些大学授予时，她颇为淡定地答："美国哈佛州立大学、英国威尔士牛津大学、加拿大魁北克省多伦多大学、澳大利亚昆士兰州悉尼大学和位居中国上海的清华大学。"

（335）

阁兴义的鞋厂每月能有上千万元的订单，但下游商家迟迟不付款，上游供应商又频频催债，阁兴义一个头两个大，已经好几个月夜不能眠。

"要不，把鞋厂收起来吧！"他的老婆说。

阁兴义没想过放弃，从年轻做到现在，生产鞋子已经成为他的使命。

然而形势比人强，在亏损五百多万元的情况下，他不得不关闭已经经营33年的鞋厂。

生意到头来算是赔本了，但厂子所在的地皮却升值了，一转手，阁家赚了十个亿。

有个通缉犯走投无路，清晨闯进一户民宅，并且挟持了里面的两大一小。两个大人吓得双腿打颤，孩子却喜形于色。

"你不怕吗？"持刀的通缉犯问。

"不怕。"那孩子很快地答，"今天学校有考试，你待久一点儿，我就不用考了。"

（337）

听说近几年出版社已经不再接受稿件，而是主动与网红作者合作，借以降低风险。

考虑再三，默默无闻的作者汤圆圆决定先将自己打造成网红，第一步便是上韩国整容。整容过后的汤圆圆果然像女明星一样漂亮，她接着上网征婚，扬言武大郎的五短身材才是她的理想型。

这个奇葩要求果然吸引大众的目光，相关报导接二连三出笼。

"气死人了！我的作者身份完全不提，这算哪门子报导？！"汤圆圆气得扔下手机。

痛定思痛后，汤圆圆改弦易辙，挟着"一点点儿"的名气报名参加相亲节目。面对镜头，五短身材依旧是她口中的理想型，但这次她没少向全国观众介绍那部耗尽自己三年心血才写完的二十万字巨作……

上了几期节目后，汤圆圆渐渐打开知名度，以这个速度，成为网红指日可待。不过事情的发展比她想象得还要快，这可不，今天的节目就迎来一位"武大郎"（还是专为汤圆圆而来）。

"大家晚上好，我是丹阳出版社的社长，此番前来除了想找个媳妇儿，还想替出版社引进人才。本出版社成立于1990年，已经出版了上千本图书，是畅销书排行榜上的常客……"

汤圆圆知道丹阳出版社，她的小说刚出炉时就曾投稿过，但石沉大海。如今身高不到一米六的社长亲自伸来橄榄枝，她到底是接还是不接？

思前想后，汤圆圆最后还是顺从了自己的野心，与丹阳出版社的社长牵手成功。

没多久，汤圆圆在出书合同上签字，而丹阳出版社也成功获得C轮融资，实现双赢。

你若问那两人后来有没有喜结连理？切，谁还在乎这个？

（338）

不少的原创商家都有这样的经历，但凡出现爆款，快到两、三天便有仿版出现。家住上海的刘女士最近就遇到了这么一件糟心事，她设计的水貂绒短款外套被不良商家仿制及出售，合计损失超过百万，这是原创设计者的悲哀与梦魇。

大家都是怎么看待仿冒的？请在评论区留言，感谢您的阅读。

特此声明：转载本篇文章是为了传递更多信息，若不小心侵犯到您的合法权益，请联系删除，谢谢！

有一只黑跳蚤打从出生就寄生在老鼠身上，某天，一只红跳蚤出现了。

"你是谁？滚出我的地盘。"黑跳蚤说。

"滚就滚，这老鼠也太不给力了，送我还不乐意呢！"红跳蚤答。

这是黑跳蚤第一次听说它的宿主不够好，在它的眼里，这只老鼠就是它的天和地。

"世界上还有比我的老鼠更好的宿主吗？"黑跳蚤忍不住问。

"当然。我曾经寄生在一头非洲草原象的身上，从象尾跳到象头，花了我好几个钟头的时间；又有一次，我寄生在鸟的身上，它带着我飞翔，那真是一次难忘的体验。”

红跳蚤的话让黑跳蚤心猿意马，它央求红跳蚤带它见识一下。红跳蚤答应了，于是两只跳蚤开开心心地踏上旅程。

一年后，黑跳蚤说它还是想找一只老鼠寄生去。红跳蚤很惊讶，忙问为什么？

“我想念老鼠身上的味道。”黑跳蚤答。

（340）

佐尔曼是黑社会老大，与之对抗者皆无好下场，不是身首异处，便是惨遭灭门，连警察都闻风丧胆，谁能想到这样的狠角色对待自己人却是嘘寒问暖、关怀备至。

晚年的佐尔曼定居在某个小岛上，过起含饴弄孙的生活，邻居们都说他是个和蔼可亲又乐善好施的人。

你若问佐尔曼坏吗？他的确是坏；你若问佐尔曼好吗？他也的确是好。归根结底，一个"成功"的坏人向来有两张面孔。

（341）

西元2042年，仿真机器人已经几可乱真，不仅会思考，还能唱歌跳舞，从外观上已与常人无异。若想判断，只能从情感入手，机器人要比人类更懂得克制情绪……

董明路怀疑自己的老婆是机器人已经不是一天、两天的事了，她对待任何事情都很冷默，好比前天他的手指流血了，她竟然能做到视若无睹。

思来想去，他决定测试一下，择日不如撞日，就今天了。

"茹，妳过来一下。"董明路喊。

他的老婆要他直说，一步也没离开书房，董明路只好走过去对她说："我得了胃癌晚期，医生说只剩三个月的时间。"

"噢！"他的老婆没停下打字的动作，"胃癌会不会传染？"

"不会。"

"那就好。"

听到最后一句，董明路心如死水，原来他的老婆真的是机器人，这打击未免也太大了？

过了两天，董明路不小心听到话屑子，顿时五味杂陈。

"喂！我想咨询一下，胃癌晚期的病人能不能买人寿险？就是只要人死了就能拿钱的那种……"他的老婆问。

（342）

梁惠敏总感觉自己被诅咒了，以致做什么事都不顺利，所以当听说有"运气精灵"出售时，她立马上网购买。

"您好，您购买的'运气精灵'已经寄出，请别忘了遵守精灵法则，否则没有效用。"客服留言。

下单之前，梁惠敏已经详细阅读使用方法，客服的叮嘱不过是多此一举。

三天后，梁惠敏收到"运气精灵"，立刻将之供奉起来，早晚膜拜，同时遵守五条精灵法则，那就是笑颜常开、乐于助人、尽职尽责、不造口业、懂得感恩。

从此，梁惠敏的生活像开了挂似的，好运连连。

"我的运气精灵实在太灵验了！"梁惠敏满意地想着。

（343）

本报讯：最近流行抱团养老，几位老人合租一栋郊外大别墅，吃的青菜是刚从田里摘下来的，吃的红肉是现宰现杀的，连吃的鱼也是刚被捕捞上岸的。老人们一起煮饭、一起聊天、一起出外踏青，好不快活！这是老年生活的最佳写照，不靠子女，自己活出自己的精彩……

"写的什么东西？！"内阁总理气得拍桌子，"我国已经连续好几年人口负增长，此类文章一出，还生孩子干嘛？"

隔天，有关抱团养老的文章全部被删除，取代的是孤苦无依的老人在养老院受歧视和被虐待的新闻。

"早知如此，年轻时我就多生几个，那些护工知道我有孩子撑腰，也不致于如此嚣张……"神情哀伤的高桥婆婆面对镜头说。

（344）

沃伦是个街头画家，当他头脑清醒时，也能画出不错的画来，可惜他的头脑经常不清醒，所以这份工作断断续续，三餐都无法保证吃得上，尤其大部分的钱还进了毒贩的口袋里。

这一天，莉莉一走进广场就被沃伦叫住。

"嘿！妳的鼻子是我见过最美的，我想画妳。"沃伦说。

于是莉莉坐了下来。

不过半个小时的工夫，沃伦就完成素描。

"你把我画得太美了，多少钱？"莉莉高兴地问。

"不要钱，送妳的。"

莉莉还是给了他一百美元（天知道，沃伦画一张素描顶多赚20）。

从此，莉莉经常绕到广场来，如果恰巧遇到沃伦，那天就是最好的一天；如果不巧没遇上，那天就是最坏的一天。

当沃伦替莉莉画的画堆满墙角时，他俩商议结婚。莉莉给了沃伦两千美元，让他去置办行头，结果他把钱全拿去买毒品。

"为什么？你不是答应我要重新开始吗？怎么又吸毒了？你还要不要过正常人的生活？"莉莉泪眼婆娑地问。

沃伦过"不正常"的生活已久，他太熟悉那个味道，反倒"正常"的生活让他害怕，他不知道自己能否适应。这种焦虑反复折磨他，只有再度吸毒才能减缓压力……

后来，他俩分道扬镳，莉莉继续过她的"正常"生活，沃伦则继续过他的"不正常"生活，两人各自安好。

5 09室的净水器漏水，水渗到楼下。409室的住户王大姐怒气冲冲地上楼质问，骂大街的声音响彻云霄，最终以509室赔偿1300元收场。

王大姐很开心，心想还好自己够凶，否则铁定吃亏！

当天下午，净水器公司到409室拍照存证，因为509室申请赔偿。

再过两天，净水器公司送来一个全新的净水器，上楼时被王大姐拦下，问："这净水器多少钱？"

"6000元。"送货员答。

“509室买的？”

“这是公司送给509室的，因为给用户带来不便。”

王大姐顿时像吃了一个标价1300元的烂苹果，早知道就狮子大开口。

龚林菲是个当红明星，光今年就有五部电影在手，代言的产品也多到二十几个，一时风头无两。

这一天，她难得和朋友聚餐。席间，有人谈起偷拍无所不在，问她是如何防范的？

"如果是公共场所的偷拍，虽然讨厌，但通常不会有大影响。比较麻烦的是酒店房间或公共厕所的偷拍，这个影响就很大，不过我有防偷拍神器。"她答。

朋友猜了又猜，皆不是，很快便没了耐心，催她赶紧公布答案。

于是龚林菲从包里取出一样东西放在桌上，说："喏！就是它！"

那是一个京剧脸谱面具，只在眼部挖了
两个小孔。

（347）

南美洲有个神婆，预言相当精准，她的最新预言是东方会出现一位能影响世界画坛的画家……

这让陶西夷很是气馁，如果一切都已命中注定，那还努力个啥？

在家躺平数月后，陶西夷感到无趣极了。某天，他提笔涂鸦，越画越带劲，不禁纳闷怎么从前没发现画画这么有趣？

几十年过去后，终于有贵人着手帮陶西夷办画展。画展非常成功，他的点状画法震惊中外人士，一位画坛"天才型新星"就这么横空出世……

有人说神婆的预言再次实现，陶西夷无疑是她口中能影响世界画坛的画家。针对此点，陶西夷不置可否，因为连他自己也无法解释其中的奥妙之处，不过有一点他倒是和别人有不一样的看法——与其说神婆预言了他的成功，倒不如说她预言他会几十年如一日地作画，雷打不动。

（348）

江作家太想成功了，为了名利双收，她做过很多毁三观的事，包括在新书发布会上故意走光、与名人闹绯闻、和导演老婆大打出手……等，可惜热度就像烟花一样，稍纵即逝。兜了一圈之后，江作家发现自己又回到了原点，更加悲催的是她的名声臭了，很难洗白。

有人问江作家后不后悔？

"不后悔，我就是不想竭尽全力在写作上才走捷径，愿赌服输。"她答。

范明浩自创蜘蛛绘法，在画布上先洒上各色颜料，趁颜料未干，把抓来的蜘蛛放在画布上任其自由行动，所创造出来的画作以"蜘蛛行+地名"来命名，譬如《蜘蛛行上海》、《蜘蛛行洛杉矶》、《蜘蛛行巴黎》……等（范明浩不仅本人亲临该城市，连蜘蛛也是采用当地蜘蛛，真正做到"入乡随俗"）。

有人认为这种创造方式乃哗众取宠，根本算不上艺术，何况画是蜘蛛画的，干范明浩何事？

"这是外行人讲外行话！"范明浩冷哼一声，"首先，画布上的颜料摆放是有讲究的，能不能做到平衡和互补，很考验创作者的功力；其次，蜘蛛也不是随便抓的，我会依据他们的行动力来判断是否吻合我的需要；其三，蜘蛛该放在画布上的哪个位置也是经深思熟虑才下的决定。简言之，我不否认蜘蛛的功劳，但充其量只能算是我的创作工具，像画笔一样。"

原本以为这不过是艺术发展史上的又一个小小水花，没想到水花竟成了海啸。

"范大师，《蜘蛛行伦敦》我要了，您开个价吧！"买家说。

"很抱歉，那张刚被中东皇室给买走了，你可以买《蜘蛛行阿姆斯特丹》。"

"多少钱？"

"八百万元。"

对方支支吾吾的，似乎对标价有意见，于是范明浩加以解释："因为《蜘蛛行阿姆斯特丹》尚在进行中，所以打八折。如果嫌贵，你挑个城市，我可以打对折，不过得等，因为名单上还有十几个人在排队。"

（350）

老唐已经躺在病床上有大半年了，昨晚突然呼吸衰竭，医生紧急插管，同时通知家属，结果只有大儿子一人到场。

"你可以进去探望，但别说太多话，病人需要休息。"医生对小唐说。

监控录像显示小唐和父亲谈话不到五分钟便离去。

隔天，警察问小唐："昨晚你离开没多久，你父亲就亲手拔管，你跟他说了什么？"

"我不过是讲了些家常话，其他什么都没说。"

由于医院录像不带拾音器，只有影像，而影像显示是唐老先生自己拔管的。

这个死亡事件最后被认定为"久病厌世"，无他杀嫌疑……

"那天你到底跟爸说了什么？"关上房门后，小唐的妻子压低声音问。

"我说家里现在一天吃两餐，还有，小宝的衣服是用布袋做的，他怕被邻居孩子取笑，躲在家里不敢出门。"小唐答。

（351）

正常人进入精神病院会不会被识破？大V常亦远决定亲自测试一下。

"最近感觉如何？"精神科医生问。

"别人说我有幻觉和幻听，我不觉得，因为的确有个穿黑衣的男人跟着我，这是真的。"

"他现在也跟着你吗？"

"嗯！他就站在门后。"

医生转过头查看，再回头时，他告诉常亦远得马上住院。

成功进入精神病院，常亦远以为里面住的都是野兽般的疯子，其实不然，他们

102

大部分都文文静静的，有些甚至条理清晰，让人不明白为什么这样的人也会住进精神病院。不过若要说他们完全正常也不好说，譬如与他走得比较近的方先生，讲起量子力学或辩证唯物论，那是头头是道，但若提起出院，方先生立刻紧张起来，在他眼里，医院以外的世界魔鬼横行，不是他这种心思单纯的人能应付得了。

眼看已经收集够多的资料可以发表，同时与家人约定接人的日子也到了，常亦远和病友们一一道别。当来到方先生面前时，方先生在他耳边低语："我知道你是正常人。"

"何以见得？"

"目光，你的目光移动速度很快。"答完，方先生望向常亦远身后的护士，速度之快，宛如闪电。

（352）

算一算，小婕与德国男友汉斯已认识将近100天。为了这个神圣的日子，小婕一早就请了年假，打算和男友到欧洲度个美美的假期。

按照计划，他们先飞到尼斯。结果从此他俩的作息便是沿着蔚蓝海岸进行，不是躺在海边晒太阳，就是踩着沙滩漫步，活动范围不出三公里。

"汉斯，我们还度假不？"小婕挺不开心地问。

"亲爱的，妳说的什么傻话？我们是在度假呀！"

小婕脑海里的度假是利用有限的天数做最大限度的观光，好比同事小菲，14天旅游了欧洲八国，那才划算！

汉斯表示把假期过得像工作打卡，惟有蠢人才这么干！

一言不合，小婕收拾行囊独自旅游去，总算在假期结束前勉强打卡两个国家，照了很多照片，也买齐了给所有人的纪念品。

"这下子终于能回国交差了。"小婕颇感欣慰地想着。

（353）

VIP病房里热闹非凡，每天都有亲属来探望，陈老先生乐得合不拢嘴。

"我看过太多'久病床前无孝子'的例子，这户人家可真是少见。"护士小张说。

"什么呦！大人500元，小孩1000元，来回交通费还给报销，换作是妳，妳也会抢着来探望。"护士小余答。

小张没想过会是这个原因，挺吃惊的。话说回来，每天都有不同的亲戚轮番出现，陈老先生哪来那么多钱支付？

小余解释陈老先生是个成功的企业家，钱多得很，但他对家人一向小气，到了一毛不拔的程度，孩子甚至得半工半读完成学业，谁能想到他存钱是为了这个。

"道听途说难免失真，实际情况未必如此。"小张持平地说。

"我可不是道听途说，"小余摘下护士服上的名牌，"今天我请两小时假，没办法，一天都赚不到500元，还不如请假去探望舅爷。"

（354）

王老板的别墅坐落在富人区，占地两千多平米，有游泳池和网球场，像个小型度假村，可惜他的资金链断了，不得不卖掉别墅以解燃眉之急。

为了快速脱手，房屋中介在广告词上强调屋主的困境，凡出价皆考虑。

果然看房的人一拨接一拨，但无人出价，最后王老板打了六折才勉强卖掉。

反观同一小区的汪老板，他也想出售自家别墅，不同的是他没有经济问题，而是独子考上哈佛大学，老俩口想跟过去陪读。

为了快速脱手，房屋中介在广告词上强调这是风水房（所以出学霸），凡出价皆考虑。

果然看房的人一拨接一拨，全是诚意买家。最后汪老板把房子卖给有两个学龄儿童的家庭，对方不仅没砍价，还多给了168元（谐音"一路发"），希望能博个好彩头。

这一天，王老板堵住汪老板，问："你欠我的尾款什么时候给？"

"请再宽限几天。"汪老板哀叹一声，"家里的不肖子又欠下赌债，我已经一个头两个大。"

（355）

元宝公司新出了一款柠檬水饮料，售价3.5元。

"这柠檬水的口感不错，卖得却比别家的同款饮料差，这是怎么回事？"总经理臭着脸问。

有人说问题出在广告词不出彩，还有人说推出的时间不对，甚至有人说就不该找沈佳佳当代言人，那个女人的风尘味太重，与"小清新"的柠檬水明显调性不符……

沈佳佳是总经理的情妇，这无疑捅了马蜂窝，杨经理赶紧亡羊补牢。

"咳、咳、"杨经理用力咳嗽两声，"沈佳佳的表现可圈可点，比预期的还要好，问题不在她身上。"

"你倒是说说问题出在哪里？"总经理很感兴趣地问。

"出在瓶子上，如果把塑料瓶换成磨砂玻璃瓶，整个质感就上去了。"

众人立刻反对，因为客户买的是饮料，空瓶子往往随手扔掉，无需多此一举。

总经理没忘记方才杨经理的"救场"行为，所以力排众议，放手让他进行改革。

改革之后的柠檬水"新瓶装旧酒"，售价从3.5元提高至10元，但销量一路猛涨，表现得非常亮眼。

"宝贝儿，"男人捏了一下沈佳佳的屁股，"家里怎么那么多瓶子？"

"那是我代言的瓶子，你看多美，拿来插花正好。"沈佳佳答。

（356）

小甜极爱占人便宜，这个全校都知道，偏偏小竹还满喜欢她的，即使被占便宜也无所谓。

这一天，小甜又来找小竹，兜兜转转后，她表示自己没钱吃饭。

"没事，待会儿我请妳！"小竹说。

"竹，妳真好，我爱死妳了。"小甜真的亲她一口，"对了，学妹还有没有缠着妳男友不放？"

小竹叹了一口气，答："大概我不够好，刘名启已经一个礼拜不理我了。"

小甜一听来气，放着这么好的女人不要，刘名启是眼瞎了不成？

"竹，妳放心，这事就包在我身上。"小甜拍胸脯保证。

两个礼拜后，刘名启重回小竹身边，所以当小甜向小竹借衣服穿时，小竹二话不说就借了。

"竹，妳真好，我爱死妳了。"小甜真的亲她一口，"对了，崔老师还有没有找妳麻烦？"

小竹叹了一口气，答："大概她看我不顺眼，总给我小鞋穿。"

"竹，妳放心，我一定帮妳出气。"小甜拍胸脯保证。

隔天，崔老师推着电动摩托车回家……

周匀是一名居住在洛杉矶的高中生，周末时会到养老院当义工（没办法，申请大学得有社会实践活动证明）。到了养老院，周匀会和老人聊聊天、下下棋，或者推着坐轮椅的老人出外散心，他就是在这样的场合下认识了Mr.Wang（王先生）。

Mr.Wang来自中国福建，初到美国时，身上只有5美元。这个人的故事若写下来应该很吸引人，不过周匀更感兴趣的是他的床边总摆着一个白板，上面写着一个数字，每次都不相同。

某天，周匀忍不住问：" Mr.Wang，这白板上的数字是什么意思？"

"那是我离开地球的倒计时。"

周匀一听来劲，莫非王先生能预测自己的死亡时间？亦或他本人就是外星人？

针对周匀的脑洞大开，Mr.Wang 哈哈大笑。

"我既不能预知死亡时间也非外星人，数字是预估的，如果归零后还活着，我就再写个数字上去。"他答。

"这有意义吗？"周匀又问。

"当你知道今天结束后，在地球上的日子又少了一天，心态就会产生天翻地覆的变化，不信你试试！"

后来周匀真的买了个白板放在床边，当数字显示15，761的那一天，他意外身故了。

周匀的妻子整理遗物时，决定把白板也放进棺材内，并且将上面的数字归零。

"为什么要把白板放在爹地的身上？"周匀的七岁儿子问。

"那是你爸的玩具。"周太太摸摸儿子的头，"他这个人每天兢兢业业地研究抗癌药物，只有每晚面对白板时才会放松下来。"

"玩具？我可以玩吗？"

"当然可以，等你大一点儿时，我再告诉你怎么玩。"

（358）

峰火村好像被诅咒了，老人接二连三去世。

庄家兴对此深感不安，他找来纸笔，把最近几个月死去的老人名字依序写下，居然有 18 人之多。

"这是得了怪病吗？"庄家兴喃喃自语。

紧接着，他把村里 60 岁以上还没故去的老人罗列下来，最后是自己的父亲——庄弼言。

写完后，庄家兴凝视纸张好一会儿，仍归纳不出个所以然，于是将纸揉成一团扔进路边草丛里，没料到被大嘴谢给捡去了。

在大嘴谢的不懈努力下，全村皆知道有一张死亡名单从天而降，死去的人就不说了，下一个便是村民陈卫星。

陈卫星向来有高血压的毛病，一听说自己是下一个被死神盯上的人，血压一上来，只一天的工夫就驾鹤西去，这无疑增加死亡名单的可信度。

庄家兴几度想澄清，但看势头不对，万一死去老人的家属要求自己赔偿怎么办？于是把话又咽了下去。

若要说此次误会带来什么好处？那就是庄父的"被害妄想症"因此不药而愈（怎么说自己都是名单上的最后一位，等倒数第二位死去后再烦恼也不迟）。

（359）

自从算命师算出自己的孩子会死于溺水，曾氏夫妻全力阻止独子学习游泳。

"就算算命师说的对，这不正好？学好游泳才能自救。"老师说。

"不对。"曾父摇头，"如果小儿知道自己不会游泳，就会主动离水远一点儿，也就避开厄运了。"

十几年过去后，某天曾家父子来到海边捡海螺，一个大浪猝不及防地打过来，把一个身影卷入海里。

"救……救我。"为了喊救命，曾父连吞了好几口海水。

“你等等，”他的儿子往后退两步，“我这就去喊人。”

（360）

即 使跟家里断绝关系，小咪也要跟齐誉在一起，就算从此坐自行车也无所谓。

刚开始，一切都很新奇（住破屋、吃粗粮、抢购打折面包……等），对于十指不沾阳春水的小咪来说，仿佛进入一个全新的世界。

然而几个月过去后，小咪还是回到原生家庭。她的家人怕刺激她，绝口不提这段人生经历，反倒是闺蜜没忍住，问她究竟出了什么事，以致放弃坚守多年的爱情？

"和齐誉私奔的某天下午，我低头一看，身上的羊绒衫竟然起毛球了。"小咪答。

"和齐誉私奔的某天下午，我低头一看，身上的羊绒衫竟然起毛球了。"小咪答。

（361）

羊是一种很奇怪的动物，只要有一只羊动起来，其他的羊也会不假思索地效仿，全然不顾是否合理或安全。

智羊羊一看不对，应该把羊群组织起来做更有效益的事。

"谁来当头？"有羊问起。

"既然是我发起的，那么就由我当领头羊吧！"智羊羊答。

几天过去后，除了智羊羊之外，没有一只羊开心，因为放在从前，任何一只羊随时都能当领头，如今这种乐趣不见了，罪魁祸首便是智羊羊。所以当其中一只羊开始攻击智羊羊时，其他的羊也跟进，很快智羊羊便被逐出羊群。

形单影只的智羊羊最后抑郁而终，临死前它不禁感慨："我若诞生在狼群，不早称王了？"

美姬有个难以启齿的秘密，她今年刚满18岁，可是性欲超强，一天一次已经不能满足。

思前想后，她决定写信问鸣报的专栏作家修介。当然，美姬不可能使用真实姓名，她取了个可爱的名字——樱子。

修介的回复非常大胆直接，他建议樱子可以拍成人电影或从事性工作，既能满足性欲，还有不菲的收入，何乐而不为？

此言一出，群情哗然，议员吉野尤为激愤，已经在国会上数次点名鸣报做整改。迫于压力，鸣报不得不登报致歉，同时辞退修介，这才平息众怒。

当夜阑人静、万籁俱寂时，议员吉野拨通小广告上的电话。

"先生，我们的小姐各有各的美，你喜欢哪一款？"接线生问。

"我喜欢性欲超强型。"

接线生回复有，并且随即念出一串名单。

"樱子，我要樱子。"议员答。

（363）

面对已有二心的丈夫，卫小萍哭过、闹过、求过，但丈夫去意已决，她只能被迫放手，被迫成为一名坚强的女性。

反观尤勤勤，面对背叛，她不哭、不闹、不求，她老公反而认怂。

你若问她施了什么法术？其实也没什么，她把刀子架在老公脖子上，说："生是李家人，死是李家鬼，我先送你上黄泉道，自己随后就到。"

（364）

罗勇和庄强是发小，这么多年过去了，感情一直没变，这可不？当得知罗勇失业后，庄强立即拿出积蓄顶下一个热狗摊，摊位就在体育中心附近。

知道庄强如此讲义气，罗勇决定好好经营热狗摊，就想着有朝一日能归还庄强所代垫的钱，然而这友谊的小船第二天就翻了。

"为什么给我围裙？"罗勇问。

"你嫂子认为能防止热油溅到你的衣服上。"

"那么围裙上印的'来来热狗'又是什么意思？"

"热狗摊有名字，熟客也好推荐给别人。"

其实罗勇并不介意穿围裙，也不在乎热狗摊有摊名，但对方问都不问一声就强塞给他，让他有些不爽。

鉴于庄强一向照顾自己，罗勇决定不再纠结，把刚出锅的热狗递给庄强吃。

"亲兄弟明算账，我还是付钱吧！"庄强说。

罗勇怎么也不肯收，庄强非要他收下，因为若不收，账就对不上了。

"什么意思？"罗勇问，感觉口干舌燥。

"你嫂子……你嫂子以后会查账。"

罗勇顿时感觉天旋地转，原来自己是员工，而非老板。

"可以呀！什么时候？"罗勇打起精神答。

"每个月月底。"

"噢！忘了问，你打算给我多少薪水？"

"我跟你嫂子商量过了，本市的平均工资是4500元，就按那个给，应该没亏待你吧？！"

热狗摊昨天刚开张就卖了两千多元，扣除成本也有一千，等于一个月能进账三万，而他的好兄弟却只给他4500元打发。

"不用了，"罗勇脱下围裙，"月薪4500元的工作到处都有，没必要死守着热狗摊。"

罗勇后来在离热狗摊不远的地方找到卖甜甜圈的工作，月薪只有3800元，但他对外说自己的月薪是4500元，一元不多，一元不少。

（365）

大野株式会社每年都会借用体育场举办运动会，借以凝聚向心力，今年也不例外。重头戏是下午两点举行的四百米接力赛，这支由会长、社长、专务和常务所组织的黄金队伍非常受瞩目。

枪声一响，常务飞奔出去，然而即使使出浑身解数，依然殿后。悲催的是当专务接到常务递过来的棒子时重重摔了一跤，虽然很快爬起，但大势已去。奇怪的是另外三名选手竟然不约而同地相继跌倒（而且不止一次），所以当专务把棒子交出去时，四支队伍的接棒人差不多又站在同一个起跑线上。

拿到棒子的社长，满脸通红地往前跑，看得出来拼尽全力；反观"陪跑者"……还差点儿意思。

当社长把棒子交到会长手中时，这位八十多岁老人跑五步走三步，时不时还得停下来喘两口气。

此时场边的加油声不断，全是给会长的。

为了不负众望，会长勉强"跑"完全程，顺利夺冠。

说到此次运动会最可怜的莫过于与会长一起赛跑的选手，他们皆突发急病，可是场边急救员却完全不理会那三人……

黄惠玲的老公去世后，她郁郁寡欢了好一阵子。某天，她突发奇想，何不把他俩的爱情故事写下来做个纪念？

想到做到，她立马动笔。可惜涂涂写写几个月后，她还是放弃了，自己的文笔没想像中好，肯定过不了出版社那一关，这可怎么办？

思前想后，她决定请人代笔，而且为了能顺利出版，她选择网红作家宁曼为代笔人。

刚开始，宁曼表现得兴趣缺缺，直到黄惠玲提出给予三万元的代笔费，同时版权费全归她后，这才积极起来。

见到宁曼的第一眼，黄惠玲心想："好精致的女人啊！"

宁曼同样也打量起黄惠玲，不过却心生怀疑，这么粗糙的女人会有什么了不起的爱情故事？

两人坐下后，宁曼要了花果茶，黄惠玲只要白开水。

"没有免费的白开水，只有依云矿泉水，一瓶30元。"服务员说。

于是黄惠玲要了冰红茶，那个便宜，只要20元。

这个女人的抠让宁曼心生警惕，该不会到时候拿不到代笔费吧？！

"恕我直言，我的时间是收费的，妳不妨先汇一万元过来表诚意。"宁曼说。

等黄惠玲打钱过来后，之前的紧张气氛才一扫而空。

"谈谈妳和爱人的故事吧！"说完，宁曼开启录音笔。

"他是我的高中老师。"

"哇！师生恋，他是不是上学期间就对妳照顾有加？"

“不是这样的，我们是好几年之后才开始谈恋爱。”

“你俩肯定早倾心于对方，否则不会那么凑巧。”

听宁曼这么一说，黄惠玲努力回想，也许真是那样。

“形容一下妳老公。”

“他戴眼镜。”

“有书卷气。”

“身高一米七。”

“玉树临风。”

“教历史的。”

“温文儒雅。”

“有洁癖。”

“择善固执。”

……

. . .

黄惠玲发现不论她怎么说，宁曼都有办法美化，就连老公微胖的身材也被她说成有"帝王之相"。

"对了，婚后你们住哪里？"宁曼忽然问起。

"我们的收入买不起城市的房子，所以租房子住。"

"租房好，想住哪就住哪，自由得很！"

一个小时后，宁曼说差不多了，她这就回去写稿。

"可……可是我还没讲完。"黄惠玲急了。

"放心，我已经收集到足够的资料，妳就等着妳和老公的爱情故事流芳百世吧！"

一年后，黄惠玲收到宁曼寄来的小说《永远说爱你》，书中的女主角黄惠玲闭月羞花，男主角邢佑风流倜傥，除了师生关系不变外，其他都很陌生。

"至少名字对上了。"黄惠玲自我安慰。

电影《黑色云雾》获得巨大的成功，口碑与票房双双告捷，身为小股东的马叔自然喜上眉梢，因为根据参股合同，这次起码能赚上两翻。

老许听说马叔赚大钱后，赶紧不耻下问。

"你得有路子，普通人是进不去的。"马叔颇为骄傲地答。

"兄弟，你也知道我那点儿工资根本无法实现财务自由，既然你有路子，何不带上老哥我一起发财？"

马叔很少成为别人羡慕的对象，加上老许又是认识十多年的朋友，他矜持了一下便答应了。

盈兆影业投资公司位于市中心的黄金地段，顾问小美接待了他们。与印象中的顾问不同，小美的表现像是新手，讲话支支吾吾不说，时不时还尬笑两声，让人不知该做何反应。

老许感觉这个小姑娘很不靠谱，还有，整个公司过于"新潮"，在他的想法里，"老"公司才有保障。

大概小美察觉到客户的不悦与抗拒，她搬来救兵——蔡经理。后者明显老道很多，不仅口若悬河，还拿出各项资质证明，让人一时看不出破绽来。

"这样吧！我先把合同交给律师瞧瞧再下决定。"老许说。

"当然，谨慎是对的，不过我提醒你《追风2》的份额只剩八百万元。这个数字说大不大，哪天若被拿走了，你可别后悔喔！"

《追风1》光亚洲地区就卖出十多亿元的票房，大家无不对《追风2》寄予厚望，也就是说这项投资应该相当稳妥。

两天后，老许的律师朋友告诉他合同无明显问题，虽然部分约定偏向乙方，但还在合理范围内。

又过了两天，蔡经理发来消息，说份额只剩五百万元。

老许仍三心二意，最后决定问马叔的意见。

"要什么意见？我已经认股一百万元，这还不够说明什么吗？"马叔乐呵呵地答。

事已至此，老许一咬牙，把压箱底的五十万元全投了进去。

半年后，《追风2》以破竹之势横扫整个暑假档的票房，这下子老许总算压对宝，不禁喜形于色，所以当他遇到眉头紧锁的马叔时，不仅不疑有他，还有心情开玩笑。

"你是不是钱赚多了，烦恼不知该怎么花？"他问。

"什么钱呦！公司已经人去楼空，我愁得不知如何是好？"

"怎么会？"老许大惊失色，"公司会不会搬迁了？"

"有哪家公司搬迁会不告诉股东？我看这次是鸡飞蛋打了。别说《追风2》，就连《黑色云雾》我也尚未拿到分红，因为电影上映起码得好几个月才能计算赢亏。”

老许不相信自己会被坑，尤其所有文件都有凭有据，他甚至问过片方，他们承认的确给过该公司份额。

警方接到报案后，要他们直接上法院起诉，理由是盈兆公司只得到一千万元的份额却卖出两亿多元（目前所知）的交易量，老许和马叔已不是第一批受害人。

听完，马叔一口气没上来，当场倒地；老许好多了，只是走出派出所时，一时竟分不清东西南北。

（368）

洪氏夫妻来自他国，为了入乡随俗，取了个中国姓氏——洪。他们有一双儿女，大儿子洪小棋就读小三，小女儿洪小贝就读小一，一家人过着其乐融融的日子。哪知几个月后噩运忽然降临，洪小贝吃了一块花生饼干后殒命。

"姚娜，妳不是说饼干里没有花生吗？"班主任问。

"我妈说没有，妳可以问她。"姚娜急得快哭出来。

洪家的孩子都有严重的花生过敏症，所以孩子一入学，洪氏夫妻马上拜托老师留意。这次意外是因为姚娜的母亲烘焙了饼干，让她带去学校给老师和同学们尝尝所引发的。当时班主任还特意问了姚娜，得到否定的答案后才允许洪小贝吃，哪知她因此丧命，班主任难过得好几天吃不下饭。

失去心爱的女儿，洪氏夫妻伤心欲绝，没多久便带着儿子回国。

这件事除了给洪家及班主任带来挥之不去的阴影外，还有一个人也背负枷锁，那就是姚娜。虽然当时年纪小，她没有受到任何惩罚，但不代表她好受，尤其自己的母亲当着众人面前撇清了说："我告诉过姚娜饼干里有花生酱。"

这样的澄清无疑将姚娜推入万丈深渊，同时也让母女俩的关系越来越紧张，终至无法挽回。这一天，若不是医生说再不见就永远见不着了，估计姚娜还会找借口推脱。

在病房里，姚母对久未谋面的女儿露出笑脸，接着支开他人。

"娜娜，妳过来。"姚母说。

姚娜照做了，然后姚母在女儿耳边低语：“我是情报人员，洪小贝的父母也是。”

话音一落，姚娜泪如雨下，这么多年的心结终于解开了。

（369）

焦砣与焦秤两兄弟的个性不同，后来的境遇也大不相同。大哥焦砣很积极，哪里有钱赚就往哪里钻，年纪轻轻就赚进第一桶金，从此人生就像开了挂似的；反观小弟焦秤，从小不争不抢，长大后找了个朝九晚五的工作，成为最普通的普通人。

面对截然不同的孩子，两兄弟的父母总感慨老二不思进取，如果能像老大那样该有多好。

话传到焦秤耳里，他不以为意，一个拥有大房子、豪华轿车、不菲的存款、胃溃疡、焦虑症、长期失眠……的人，有什么好羡慕的？

“你只要拥有前三项就好。”有人对他说
。

“那可不成，一想到要如何拥有大房子
、豪华轿车和不菲的存款，我立刻紧张
起来，不信你试试。”

结果那个对焦秤提建议的人当夜便失眠
了，从此三缄其口。

（370）

小吴买了一张彩票，他有强烈的第六感这次一定会中，结果连个安慰奖也没有。

他很泄气地走向附近的田野，一道闪电突至，击中他的后脑勺，还好只是让他短暂失去知觉，身体并无大碍。

朋友告诉他："据不完全统计，彩票中奖机率为千万分之一，被雷劈中的机率则为百万分之一，也就是说一个人中彩票的机率相当于被雷劈中10次。"

显然朋友是劝他别买彩票了，因为中奖率太低，但小吴不为所动，当下期开奖日到来前，他还是买了，而且一买买了十张。

“现在我中彩票的机率等同被雷劈中。”
小吴喜不自胜地说。

147

“现在我中彩票的机率等同被雷劈中。”
小吴喜不自胜地说。

西元2068年，陈氏夫妻一同坐上无人驾驶汽车。到达目的地时，只有女人下车。

"今天还搞那个？"陈太太满脸不悦，"你赚的钱全花在上面了。"

"人生最重要的是开心，妳做Spa开心，我说过什么了吗？"陈先生反问。

无人驾驶汽车继续行驶，最后在一栋大楼前停下。陈先生跨出汽车走了进去，一路上有机器人在前面引路。

"不，我不喜欢这里，我想坐在C$_5$的位子上。"陈先生说。

"对不起，C$_5$已经有人坐了。"机器人答。

过去两年，陈先生一直坐在C$_5$的位子上，从窗口往外看能看到非虚拟花园，每当看到那些真实的花朵竞相怒放，总让他心情愉悦，没想到最后一天反而坐在别的座位上，怎么说都是遗憾。

机器人走后，陈先生把文档调出来做最后的润色。几个小时后，他按下"送出"键，不过几分钟的工夫，一本刚制作完成的书就被机器人送过来，封面是陈先生事先选好的。

"这是样本，请查收。如果想加印或上架销售网站，一个星期內打八折。"机器人说。

"知道了，我考虑考虑。"

过去两年，陈先生把大部分的时间和收入都花在写作体验馆上（虽然家里也可以写作，但氛围不一样），他一点儿也不后悔，因为现在的书籍大部分由机器完成，真人创作者少，自然弥足珍贵。

回家后，陈先生立刻拿出书套，套上书套的书看起来像黄金一样灿烂。

“总算我们陈家也有拿得出手的传家宝了。”陈先生颇为骄傲地说。

“总算我们陈家也有拿得出手的传家宝了。”陈先生颇为骄傲地说。

（372）

彼得是一名非裔，平常专干一些偷鸡摸狗之事，算是这一带的老混混。

这一天，他瞅着便利店内只有一名员工，遂心生歹念，入內实施抢劫。兴许是运气不佳，当他步出店外时，刚好被巡逻的警察给逮个正着。

"举起双手！"拿枪的白人警察命令着。

哪知彼得不仅不配合，还把抢来的"战利品"扔向执法人员。这个挑衅动作彻底激怒了警察，彼得因此被按在地上摩擦。

"拜托！别搞死我。"彼得哀求着。

警察没忘记自己的公权力曾被他践踏，说什么也要教训一下这个不知天高地厚的混账东西！

谁也没料到最后会擦枪走火，终至无法挽回。

彼得一命呜呼后，黑虎党趁机崛起，并且以破竹之势夺取了政权。

黑虎党上台后，追认彼得为烈士，并以最高规格厚葬他，墓碑上刻着：彼得，生于1981年，卒于2019年。其生也荣，其死也哀……

（373）

知道叶总入院后，探病的人一拨接着一拨，直到医生宣布病人有偏瘫的风险后，这番热闹景象才戛然而止。

人走茶凉，但有一个人不一样，那就是实习生小孟。这个小伙子刚进公司没多久，知道叶总入院，并且有偏瘫的风险后，仍隔三差五就上医院来，不仅嘘寒问暖，还把跑腿的工作揽在身上。

叶总看在眼里，记在心里。

谁也没料到"可能"会偏瘫的人，三个月后竟然奇迹般地回到公司。

叶总重掌大权后，第一件事便是提拔小孟，这吓坏了所有人……

· · ·

"哥，今天我升职了。"小孟在电话里兴奋地说。

"成为正式员工了？"

"不，比那个更好，叶总让我当他的秘书。"

"好好干！咱家就等着你光耀门楣。"

"会的。对了，下班后一起庆祝，我请客。"

"好，你到医院来接我，车子就停在住院大楼旁边的停车场，省得我走。"

（374）

弹丸国不大，几百年来一直相安无事，没想到自从辖区内的小岛被探测出含有巨量石油后，引起广漠国的觊觎。这个与弹丸国比邻的国家声称自己才是小岛的主人，理由是他们的古书地图上曾把该岛屿划进版图内……

这个说法很牵强，因为弹丸国的国民已经在岛上居住好几百年了。

对于野心者而言，欲加之罪，何患无辞？当广漠国派出军队占领小岛时，弹丸国的大学生肖恩立刻号召学生游行示威，除了引起国际关注外，同时也向政府施压（催他们表现出强硬的态度）。

还好关键时刻多国介入，广漠国这才摸摸鼻子走开。

转眼二十多年过去了，当初的热血男孩肖恩已经成为弹丸国的总统，此时广漠国又蠢蠢欲动，时不时派出军舰在小岛附近巡逻，挑衅的意味浓厚。

由于总统曾是捍卫小岛的激进分子，大家无不期望他发表强硬声明，然而他的态度却很不明朗，甚至有点儿畏畏缩缩。

这激起国内的反抗情绪，游行示威活动不断。

"总统先生，再这么闹下去，我怕作乱分子会趁机闯进总统府。"国务大臣说。

不是总统认怂，而是弹丸国实在太小了，在国际上无足轻重，加上石油传说只是个传说（实际上一滴油也没有），而且岛上居民也因种种原因陆续迁出，基本已成无人岛的状态。换言之，如果把它卖给广漠国换来和平也非坏事，因为弹丸国正经历前所未有的债务危机，已经经不起战争的耗损和折腾。

思前想后，总统下令逮捕麦可，他是弹丸国的大学生，也是此次游行活动的策划者和精神领袖。

"二十多年前，你站在我的位置上，如今你却逮捕我，这不挺讽刺的？"麦可说。

"等你站在我的位置上时，就什么都清楚了。"总统答。

（375）

亭子是一位有名的诗人，在出版了 I5 本诗集后，他决定改写小说。他的诗迷们当然乐观其成，网上讨论的声音相当热烈。

等小说一正式发行，亭子迷余菲迫不及待就买了一本，可是才读完第一页，她便傻眼了。

男人不爱她了，她的心，碎了。噢！失恋是个苦果，她多想把苦果转为青涩，再转为甜蜜，然，这是不可能的，海枯石烂易，抓回男人的心，难于上青天。愿时光倒流，她会为他改变，成为他喜欢的样子。

今日，她起了个大早，想到男人不会这么早起，遂又回到床上。翻来覆去后，她决定还是做一只早起的鸟儿，为心爱的男人高歌一曲。

唱的什么？唱的是回忆，是情怀，是那抹也抹不去的相思。

啊！爱情请归来，因她已用尽全力爱他，毫不保留……

（376）

"怎么回事？"谢医生问。

"自杀，已经救回来了。"男人停顿了一下，"我来是希望你能为我太太删除不好的记忆，自从被……被歹徒性侵后，她一直走不出来。"

谢医生是全球第一位能将记忆删除的人。

"让我与妳太太谈谈。"谢医生答。

谈话过后，谢医生判断女人符合删除记忆的条件，很快便安排夫妇两人动手术。

"我？我不需要删除记忆。"男人斩钉截铁地说。

于是只有女人上手术台。

手术结果很成功，男人的老婆完全记不起2017年3月8日那天所发生的事。

几个星期后，女人的丈夫找上门来，还未开口，谢医生便说：“最快后天能为你安排手术。”

“谢谢！”男人感激地答。

蒋益堂是一家海鲜餐厅的老板，某天，厨师慌慌张张地跑来报告："不好了，出大事了！"

他跟着厨师来到后厨，发现水缸里的鱼真的在"说话"，卟卟噜噜咯咯……的声音不断传来。

"老板，这怎么办？"厨师问，手中还握着一把刀。

天人交战后，蒋益堂决定放生。

"那可不成，这条鱼已经被预定了。"厨师说。

"没事，我来处理。"

蒋益堂后来不仅安抚好客人，当晚还亲自将鱼护送到五十公里外的海边放生。

经历此事后，蒋益堂像变了个人似的，没多久便收起海鲜餐厅，改卖素食。虽然生意明显变差了，但蒋益堂的气色却越来越好，长期困扰他的失眠症也不药而愈。

当秋风吹起时，兴许是运气不好，那条被放生的鱼又被渔民捕获，辗转被富春酒家买去。

"不好了，出大事了！"厨师说。

餐厅老板简大勇跟着惊慌失措的厨师来到后厨，发现水缸里的鱼真的在"说话"，卟卟噜噜咯咯……的声音不断传来。

"老板，这怎么办？"厨师问，手中还握着一把刀。

"什么怎么办？杀了呗！"简大勇答，心中不免埋怨厨师太大惊小怪了。

杀了会说话的鱼之后，富春酒家的生意仍然一如既往的好，只是老板的脾气却越来越差，睡眠质量也跟着下降，有时整晚都无法合眼。

"妈的，我这是招谁惹谁了？"说完，简大勇又吞下一粒安眠药。

（378）

互联网时代，作者大多通过电子邮件投稿，很少有人会携带纸质作品到出版社，所以当得知有这么一号人物出现时，王总编下意识要前台代为收下稿子。

"他不肯，坚持要亲自递交到你手里。"前台答。

王总编很烦这种人，决定冷处理。哪知对方很执着，一直等到下班铃响。

"怎么办？他还在这儿。"前台打来电话求助。

王总编想了想，该来的躲不掉，还是见见吧！

一见面，王总编才发现这是一位白发苍苍的老者，赶紧请他坐下，又让前台泡来茶水。

"谢谢你肯见我，我从下午两点等到现在。"老人说。

"抱歉！事情一忙就忘了。您的大作呢？我拜读一下可好？"

老人小心翼翼地把稿子递交出去，像上呈帝王玉玺一样。

与对方的慎重其事不同，王总编边阅读边心里打鼓，这文章不行，待会儿可怎么打发人？

仿佛有心电感应似的，老人语重心长地说："实话告诉你，为了完成这部作品，耗尽了我毕生的心血，如果还是无法出版，我宁愿自尽……"

"别别别……"王总编吓得差点儿心脏骤停，"您若死了，这部巨作就真的蒙尘了。"

"你的意思是……"

"我的意思是您的文章底子不错，但有些许瑕疵，这超出我社能润色的范围，建议您试试别家。对了，跑这么一趟远

路也不容易，这是两百元，待会儿就打
车回去吧！”

几个礼拜后，王总编参加文学探讨会，
休息时间与其他编辑闲聊，发现他们都
见过这名老人，同时给了几百元不等的
打车费。

被骗的感觉像吃了一坨屎，好在也就这
么一次，王总编心想就当花钱买教训吧
！

这一天，前台打来电话，说有个作者想
让他看看稿子。

“妳收下吧！”

“他不肯，坚持要亲自递交到你手里。”

王总编的心喀噔了一下，莫非上回的老
人又来了？

前台回答不是，这次是老人的同乡，看
着没有八十也有七十岁了。

（379）

太阳国和月亮国大战，打得天昏地暗、不可开支，根本没空做饭，于是两国将军下令"打战不打外卖员"，这也算是一条双方都默认的潜规则。

然而马有失蹄，大阳国一个不小心把月亮国的一位外卖员给射杀了，这下子月亮国的将军怒不可遏，下令将太阳国的外卖员全赶尽杀绝。"不留后路"的后果便是双方皆无东西可食，战争不得不暂停。

"等士兵都填饱肚子再打吧！"太阳国的将军说。

"行，那就暂定五日后再打。"月亮国的将军答。

结果等约定日一到，两国皆按兵不动。

某个士兵忍不住问何时开打？另一名士兵推他一把，说："你傻啊！现在外卖员是高危人群，即使出高价也招不到人，如何开打？"

以后的数十年里，两国相安无事，倒不是出高价也招不到外卖员，而是两国很有默契地取消外卖平台，有违者，立斩！

（380）

汪鹏是个默默无闻的作者，即使把生活用度降到最低，也难免无米可炊。每当这时候，他就上黄昏市场捡拾人家不要的菜叶子，回去用开水烫一烫，再洒点儿盐巴就着吃。

他的母亲看不下去，把他接回家，从此三餐有了着落，但换来的是"啃老"的压力。这压力压得他喘不过气来，他盼着自己能早日成为畅销书作家，好解除压力。

这一天，午后的风吹得他昏昏欲睡，迷迷糊糊中，他看到一个背后有光的人。

"汪鹏，你有什么愿望？"那人问。

"你是谁？"

"别管我是谁，赶紧许愿，否则就错过了。"

也不知是真是假，但汪鹏照做了，他希望自己成为畅销书作家……

醒来后，他笑出声来，做的什么乱七八糟的梦？

结果几天后他收到出版社的回复，要他签出书合同。

汪鹏高兴坏了，等了数月之久，终于等来好消息，他还以为这次会像前几次一样石沉大海。

出书的过程相当顺利，发行后的第二个月还冲上畅销书排行榜前十。汪鹏终于名利双收，可是有件事让他很不解，那就是网上鲜少有人讨论他的作品，这是怎么回事？他决定到书店探一探虚实。

走进书店，他发现最显眼处摆着他的作品《鬼魅》，经过的人都不忘拿上一本。汪鹏随机挑中一名女士，她刚买下他的小说。

那位女士离开书店后，往一家咖啡店走去，汪鹏也跟着进入。

"给我美式。"女士对服务员说。

咖啡送来后，她边喝边读《鬼魅》，眉头紧锁，临走前并没有把书带走。

"妳忘了妳的书。"汪鹏提醒她。

"我不要了。"

"书写得不好吗？"

"糟透了！我也不知道为什么要买它，简直邪乎！"

现在的汪鹏每年都能收到一笔为数不少的版权费，早已从三十平米的窝居搬到能看到江景的复式公寓，但他一点儿也不开心，反倒越来越沮丧。

"哎！这德不配位的滋味可真不好受。"他心想。

（381）

在朋友的鼓励下，曹禺轩参加了一个据说非常特别的相亲活动。

"别怕，主办单位很重视核实信息，所以绝对不会有骗婚者混进来。"朋友对他说。

好是好，但曹禺轩一没房二没车，存款也不多，现在遇上一板一眼的主办单位，连"稍微美化"一下自己的机会都没有，岂不是雪上加霜？

到了活动现场，工作人员问清楚他的名字后，帮他穿上尼龙马甲。

"为什么穿这个？"曹禺轩问。

"这是我们的活动特色，待会儿你就知道了。"

相亲以茶会的方式进行，根据工作人员的介绍，只要看对眼了就可以牵手离开。

曹禺轩有些胆怯地走过去，与想象中不同，他的到来受到女孩们的热烈欢迎，她们争先恐后与他谈话，直到一名帅哥出现，混乱的场面才缓和下来。

"妳怎么不过去和那个长得像彭于晏的人说话？"曹禺轩对"留下来"的女孩说。

"我比较喜欢你。"

难得遇到如此直来直往的女人，曹禺轩顿时眼前一亮，接着问："妳喜欢我什么？"

"诚实、果敢、坚强、不卑不亢、忠党爱国。"

听到最后一项，曹禺轩忍不住噗嗤一笑。

"对了，还有笑起来很迷人。"她补上一句。

曹禺轩何时曾有过这样的待遇？不禁有些飘飘然，但理智告诉他在投入感情前得先问清楚状况。

"妳家要多少彩礼？"他问。

女孩立即转身，曹禺轩这才注意到马甲的背面罗列了女孩的基本信息和要求。

"三……三十万？"曹禺轩话都说不利索，因为他的银行存款连十万都达不到。

这还不是最悲催的，女孩同时要求男方在市区有一个不小于100平米且无贷的住房，另外还要一辆不低于20万元的轿车。

曹禺轩正想打退堂鼓时，女孩笑眯眯地说："傻瓜！你不一样。第一眼看到你，我就有怦然心动的感觉，所以彩礼、房子、车子等，我通通不要。"

听到这个回答，曹禺轩几乎要喜极而泣，这不是他苦苦寻找的女孩吗？

"要不，我们牵手离开？"他尝试一问。

女孩毫不犹豫就伸出手来，曹禺轩正想去牵时，工作人员慌慌张张地向他跑来，说："对不起，搞错了，这马甲才是你的。"

当女孩看到曹禺轩的真实信息后，扭头就走。

成功拿到马甲的工作人员随后跑向另一个男人，他已经无人理睬很久了……

元肖在市场里卖带花纹的煎饼果子，虽然与众不同，但顾客的反应普遍不好，因为做得再漂亮，还不是进到肚里去，何苦多花两块钱？还有，制作的时间过长，耽误上班、上课，得不偿失。

后来元肖转战游客云集的步行街，由于租金翻了两翻，他将原本卖价七块钱的煎饼果子上调至20元。

"看！饼皮上还有花纹，太美了！"游客纷纷赞叹。

后来有人将制作过程上传到网上，网民们前仆后继而来，元肖的摊子成了打卡地，队伍排得老长，他赚得盆满钵满。

换了地的煎饼果子还是那个煎饼果子，但元肖已不再是那个元肖。

换了地的煎饼果子还是那个煎饼果子，但元肖已不再是那个元肖。

（383）

大家都说韦莉缇任性，没办法，人长得美，学习成绩又好，家里还宠着，即使脾气捉摸不定，自有人受着。这可不，尤昱星就是其中一位。

"宝贝儿，妳吃什么？"尤昱星好声好气地问。

"别喊我宝贝儿，恶心死了！"她翻了翻白眼，"我吃什么，你不清楚吗？"

尤昱星红着脸对站在一旁的服务员说："给我们A餐，两份。"

韦莉缇不乐意了，她才不吃A餐，说自己要的是B餐。

服务员走后，尤昱星小心陪说话，害怕又惹得公主不开心。

没多久，餐厅里走进两个人，他们是韦莉缇的朋友，被韦莉缇招呼着一起坐下。

结账时，韦莉缇让尤昱星去买单，完全没提AA(各自付账）。

诸如此类的事层出不穷，换做别人，早发火了，但尤昱星没埋怨，反而练就一身"打不还手、骂不还口"的本事，而且姿态摆得很低很低，只差跪下来磕头膜拜。

韦莉缇非常满意尤昱星的表现，把他从追求者的角色提升到男友，再从男友的角色提升到未婚夫，最后携手走入婚姻殿堂。

完婚后的第一个夜里，刚送走闹洞房的人，尤昱星一转身就给韦莉缇一个巴掌，说："游戏才刚开始。"

（384）

健一的一天就是社畜（社会畜牲）的写照，早上7:30起床，回家时已是夜里11点，加班已成常态，甚至是一种文化。饶是如此，这还是他挤破头才觅得的工作，一旦辞职，立马有人顶上，吓得健一不敢生病、不敢有怨言，生怕一个不小心就加入庞大的失业大军。

反观翔太，大学毕业后回老家准备公务员考试，第一年没考上，第二年没考上，第三年还是没考上。他的父母劝他放弃，到外面找份工作，任何一种都行。结果一入求职市场，他立刻打消成为社畜的念头。

现在的社畜健一，每个月能赚30万日元，看似不错，但大都市的消费高，一个月也没能省下多少钱。

反观翔太，一周有四个家教，吃饱可以，吃好是不可能的，好在他住在家里，房租省了，日常生活也少有其他开销，算是基本达到养活自己的目标。

后来日夜操劳的健一得了胃癌，当他离世的消息传来时，翔太刚失去一个家教，这下子连养活自己也有困难，他思忖是不是该去便利店兼职，好度过此次难关。

以上是健一和翔太的悲哀，要怪也只能怪他俩当初为何要含着木汤匙出生，哪怕是不锈钢做的，日子也会好过很多。

（385）

由于疫情严峻，机票票价大涨。为了省钱，董老太太从美国飞回国内大费周折，花了足足两天的时间，把七十多岁的她折磨得有够呛！

白丽妃就是在国内机场偶遇董老太太，听她这么一描述，心生同情，如果不是手头不宽裕，她大可买直飞航班，也就不那么辛苦了。

"老太太，您这次回来是探亲还是访友？"白丽妃问。

"都不是，而是中介通知我房子卖掉了，就等我签字。"

白丽妃的脑子里浮现一间位于郊区的简陋房子。

183

"卖了多少钱？"她又问。

"3750万元，卖便宜了。"老太太叹了一口气，"没办法，现在提倡房住不炒。"

白丽妃连吞了好几口口水，这老太太可真是深藏不露。话说回来，那么有钱的人为什么一大把年纪还折腾自己？

虽然心有疑问，但白丽妃没问出口，倒是老太太自己把"自虐情节"又多添加了好几个章节，包括生病也死扛着（因为没买医疗保险）、家里没空调（只有一台用了二十多年的老式电风扇）、天天上黄昏市场买菜（便宜不止一星半点）……等。

"您有那么多钱却不享受，这跟没钱有什么差别？"白丽妃忍不住问。

"还是有差别，一个有钱却一毛不拔的人比没钱却慷慨解囊的人受欢迎，这是我总结出来的人生道理。"

"那么何不做一个有钱却慷慨解囊的人？"

"妳想害死我吗？"董老太太反问。

（386）

寒流来袭，路上的行人少之又少，华锋看到路边有个流浪汉正在寒风中瑟瑟发抖，恻隐之心油然而生。他脱下身上的羽绒服给那个可怜人，没想到……

"滚！我就想冻死，别碍着我！"流浪汉骂道。

几个礼拜后，另一拨寒流来袭，华锋在路边又看到一名流浪汉。他走过去，凝视那个可怜人好一会儿后，问："你想不想冻死？"

刚好路过的艾琳心想："这世上怎么会有如此可恶之人？竟然在别人的伤口上撒盐！"

185

（387）

明星作家金敏浩最近登上热搜，原因在于他被老东家（质朴出版社）给告上了法庭。

"庭上，金敏浩的作品《大盗传奇》已于去年年底与质朴出版社解约，再无干系，我的委托人对于挨告一事感到莫名其妙。"金敏浩的律师说。

质朴出版社的律师也不是吃素的，立即提供两份材料，一份是《大盗传奇》的原稿，另一份则是经出版社润色过后的版本。

"庭上，"质朴出版社的律师开口了，"从材料上看，内容出入挺大的。金作家不续约可以，但利用润色版本与其他出版社合作是侵犯了我方的权利，我方的诉求是立刻下架已出版的书籍并对我方的损失进行赔偿。"

法官并没有当庭宣判，而是择日再开庭。

话说审理此案的孙法官是金敏浩的忠实粉丝，家里摆满了他的作品，没有一本落下。之所以没有立即宣判，部分原因是孙法官想了解原稿和润色版本之间的差距有多大。

7月28日，质朴出版社状告金敏浩一案再次开庭，双方仍针锋相对，但已改变不了什么，因为孙法官早已心如明镜，他最终宣判金敏浩侵权成立。

金敏浩不服，扬言会上诉。

上不上诉是被告的权利，孙法官不予置评，倒是他从此再也不相信所谓的明星作家所写的明星作品了。

秦先生的老婆因病去世，最近他动了再娶的心思，通过朋友介绍，他认识守寡两年的何女士。接触几个月之后，他问何女士对于结婚有什么想法和要求？

"我觉得结婚挺好的，两个人可以互相照顾，只要你不嫌弃就行，没什么要求。"何女士答。

秦先生一听大喜，开始着手准备结婚事宜。消息传开后，何女士的女儿暴跳如雷，言明彩礼18万，少一个子儿都不行。

"这彩礼是谁收着？"秦先生问。

"当然我收着。"何女士的女儿答。

"怎么是妳收着？"

"万一我妈离婚或又守寡，还不是由我照顾，当然我收着。"

秦先生不高兴了，一言不合，不欢而散。

何女士看着好好的姻缘被女儿给破坏了，在家里歇斯底里地哭闹。

"妳气什么？"她的女儿满腹委屈，"当初妳要小虞给18万彩礼，少一个子儿都不行。现在我又没多要，还是18万，不是吗？"

（389）

杜嘉简直不敢相信女神徐薏会答应嫁给他，高兴得好几晚都睡不着。

幸运之事还不止此，结婚当月便有了闯门喜，杜嘉就要当爹了，他雀跃不已，然而……

"我不知道该怎么对杜嘉说，他完全沉浸在喜当爹的兴奋当中。"

"……"

"这不在计划内，如果一定要做出选择，我宁愿离婚也不打掉。"

"……"

"妳别劝了，即使当单亲妈妈，我也有能力将孩子抚养长大。"

关上房门讲电话的徐蕙丝毫没察觉老公就站在房外，并且一字一句全听进耳里去。

有那么几秒钟，杜嘉想到厨房拿菜刀砍死这个女人和她肚里的孩子，但冷静过后，他发现他爱徐蕙至深，到了她怎么待他都无所谓的地步，只要她不离不弃。

既然如此，杜嘉也只能把委屈往肚里吞，但陈卫夫那小子的种是不可能留下来，他还没神圣到养情敌小孩的程度。

思来想去，一个邪恶的念头油然而生。

转眼五十多年过去了，弥留之际的杜嘉把老大单独叫进病房内，告诉他很久以前自己所做过的缺德事。

"我已经原谅你母亲，希望你也能原谅我。"杜嘉有气无力地补上一句。

"爸，你记不记得妈去世前也曾把我单独叫进病房内？当时她对我说，如果某天你祈求原谅，那就原谅你吧！当年你买通护士换孩子一事，她早知道，之所以没闹开是因为后来能感受到你的内疚和加倍地对她好……"

杜嘉听完，血压骤然升高，眼看一口气就要喘不上来。

"爸，你怎么了？"杜家老大慌了手脚，赶紧跑到病房外，"医生……医生……快！我爸好像不行了。"

（390）

帕劳的水母湖曾是海的一部分，由于地壳运动，海床升高，逐渐形成与外海隔绝的咸水湖。湖中原有的海洋生物随着养分消耗完毕而灭亡，只剩下靠少量微生物就能生存的水母。由于天敌消失，这些水母丧失了用以防身的体内毒素，从而成为地球上独一无二的"无毒水母"……

"今晚我和朋友聚会，不回家了。"于凯对妻子乐乐说。

"好的。"

"对了，跟妳提到过的投资项目……"

"我爸妈说风险太大，不过别担心，钱我有，过几天就取出来给你。"

乐乐是于凯见过最心无城府的人，一旦博得她的信任，就像得到免死金牌，可以一路畅通到底。

刚开始，于凯也曾怀疑乐乐在演戏，直到她的父母把他单独约出来谈话，他才知道世上竟然有如此单纯且毫无防备心的人。

"哎！都怪我们把她保护得太好，接触的人都是筛选过的，谁知道……"

准岳父话说到一半，但于凯懂的，若不是那天乐乐亲自开门取快递，也不会认识送快递的他，然后有了后来的发展。

"我们的要求有两个，"准岳母接棒，"一是你入赘进来，同时少和原生家庭来往；二是让乐乐永保赤子之心，别让她看到世上丑陋的一面。"

于凯点头如捣蒜，能娶到首富之女，什么条件都接受。

几年过去后，乐乐还是看到丑陋的一面，她快速转移资产，并且雇用一支杰出的律师团队，让出轨的一方净身出户。

"骗子！你们全家都是骗子。"于凯听到宣判后对着前妻及其家人怒吼。

打赢官司后的乐乐彻底变了，她不再轻易信人，尤其当关乎到钱时，她比任何人都精明。

"是时候把家族企业交给她。"乐乐的父亲说。

乐乐的母亲点头。

世上哪有真正的无毒水母，不过是时机未到。

"你好歹也出去工作，家里老的老，小的小，你爸还病着呢！"巫启鸣的母亲说。

"你每天打扮得像个猴子似的，给家里挣过一分钱没？我又要上班，又要照顾老小，一根蜡烛两头烧，现在连白头发都有了。"巫启鸣的老婆说。

每当这时候，巫启鸣总有"燕雀安知鸿鹄之志"的无力感。成功需要包装，如果还像从前一样，累死了也无法达到阶级跨越，什么时候才能出头？

他的家人见说服不了，只好找来记者帮忙。

"你每天除了看书和打扮光鲜外，还做了什么？"记者问。

巫启鸣表示成功需要阅读和衣装，这两项他都有，离成功也就不远了。

记者随手翻开书架上一本名为《成功秘籍》的书，光看各章节的名称就知道成功不止靠阅读和衣装。

针对记者的疑问，巫启鸣答："我知道不止这两项，但只有这两项是我能做到的，其他都太难了。"

（392）

老国王临终前把二王子和宫相叫到床前。

"你们二人要好好辅佐新国王，他已经那样了，靠的也只有你俩了。"老国王气若游丝地说。

大王子出生时出了点儿问题，现在虽已成年，但心智一直停留在孩童时期。

老国王交待完后事便撒手人寰。

次日，新国王继位。加冕典礼上，傻子国王高兴得手舞足蹈，在场嘉宾们无不面面相觑。

某天，二王子告诉宫相："我哥对香蕉过敏。"

"我知道，这方面我已交待下去，绝对万无一失。"

结果同样的话，二王子说了又说。

宫相一琢磨，这是不是在暗示自己什么？

后来傻子国王因误食香蕉而殒命，二王子怒怼宫相："我不是一再提醒你，怎么还会有这种事情发生？"

宫相无言以对，只能默默接受被罢黜的命运。

次日，二王子继任国王，新宫相对国王唯命是从。

这个国家总算又有了新气象！

导演把可喜的角色给了别人，却把一个备受争议的角色给了自己，陈淼气不打一处来，立即给制作人施压。

"罗制作，如果非给我这个角色，那只能下次再合作了。"陈淼说。

罗制作很讨厌被威胁，但能怎么办？陈淼最近很红，得罪不起。

陈淼最终得到她想要的角色。

娱乐圈更新的速度飞快，不到两年，陈淼的人气严重下滑，可是再怎么着也不该让她演中年母亲，陈淼还不到30岁，看着也年轻。

"罗制作，如果非给我这个角色，那只能下次再合作了。"陈淼说。

"如果不接这个角色，下次也不用合作了。"罗制作答。

其实这部戏原本没陈淼什么事，是罗制作指定让她接妈妈的角色……

（394）

别看富豪巴希尔在商场上精明得很，其实他一直有抑郁倾向，严重起来甚至会自残，直到刷视频时看到一个小女孩Maggie，她的笑容治愈了他的忧伤，巴希尔的人生才又出现曙光。

女孩的父母听说巴希尔想认Maggie当干女儿，一开始很排斥，接触过后发现这个人其实挺好的，如果自己的女儿能因此挤入上流社会，不也是美事一桩？于是点头同意了。

巴希尔对干女儿极好，小小年纪就名牌加身，她甚至拥有一抽屉的名贵珍宝和一辆不符合她年纪可以使用的法拉利。

等Maggie入小学的年纪到了，巴希尔安排她入读本市最昂贵的女校，不幸的事也因此发生。

"Darling，"巴希尔亲吻Maggie的脸颊，"今天学校有什么新鲜事？"

"今天老师问起你。"

"问起我？问我什么？"

"老师问你有没有亲我和抱我？我答有，然后她把我父母叫到学校去。"

此时的巴希尔还没察觉有异，一个小时后接到Maggie父母的电话，他才意识到事态严重。

"为什么要解除认养关系？"他问。

"因为你对Maggie过度亲热，我们得保护她。"

挂上电话，巴希尔心如死灰，想到天使就要离开他，生活还有什么意义？

隔天，巴希尔从公寓顶楼往外一跳，结束了生命。

Maggie的父母认为巴希尔肯定是做了不可饶恕之事，所以向女儿逼问"真相"，然而结果却不符合他们的认定。

"不可能，如果真是那样，他何必跳楼？" Maggie的母亲说。

"没错，这是显而易见的畏罪自杀。" Maggie的父亲说。

见父母颠倒是非，Maggie很痛苦，从此不再展笑颜，也很少说话，医生说她患上了创伤后应激障碍，这下子巴希尔的罪状又多添一笔。

对于Maggie的父母来说，肯定得有人为这个不幸的家庭担责，那就是巴希尔，至于真相是什么，已经没那么重要了。

周末，沈银月参加一个聚会，一位中年男子向她走来，神秘兮兮地说："我看到一个小孩钻进妳的肚子里。"

十年前，沈银月曾堕胎过，男子的话让她胆战心惊，莫非……

"那个孩子多大了？"沈银月问。

"大概这么高。"男子比了个高度，"会跑会跳。"

沈银月松了一口气，没对上号。

没想到男子来上一句："阴间的计时方式和阳间不同哦！"

这下子沈银月慌了，问孩子为什么会钻进自己的肚子？

"那得问妳呀！"男子答。

"我……我……我怎么会知道？"

"那就麻烦了，本来想帮妳化解，看来不需要。"

沈银月后来给了男子两万元，让他将"亡灵"请走。

几个星期后，沈银月又参加一个聚会，一位中年妇女向她走来，神秘兮兮地说："我看到一个小孩钻进妳的肚子里。"

沈银月的心喀噔了一下，问："那个孩子多大了？"

"大概这么高。"妇人比了个高度，"会跑会跳。"

"没对上号，我的孩子如果还在，现在应该已经娶妻生子了。"

结果妇人来上一句："阴间的计时方式和阳间不同哦！"

沈银月一听大怒，一把抓住妇人的前襟，说："回去转告方文龙，马上把我的两万元汇过来，否则我让他吃不了兜着走！”

妇人大惊失色，紧接着落荒而逃。

沈银月顿时五味杂陈，想当年若不是怀上女婴，她也不致于……

许文嵩发现一位老人在地下道贩卖自费印刷的个人作品，在征求老人同意后，他把视频发到网上。

某天，他收到一封来自出版社的私信，大意是希望能联系上老人本人，也许能帮他出版。

许文嵩没有回复。

几年过去后，许文嵩靠着拍摄"默默耕耘的艺术家们"走红，而那些艺术家截至目前为止仍在"默默耕耘"。

天牛是食植性昆虫且从不挑食，但也难抵连年干旱所造成的饥荒，不得不全体迁徙。可想而知，落难的天牛们所到之处皆不受欢迎，只有蚁后为它们大开方便之门。

进到蚂蚁王国的天牛们终于有了挡风遮雨的住所，同时也不再挨饿，但这不表示它们心悦诚服，因为蚁后总把最脏、最累的活分配给它们，天牛们对此颇有怨言。

这一天，蚂蚁和天牛又因一件小事起龃龉，而且越闹越大，最后竟上升到肢体冲突。蚁后一看苗头不对，下令驱赶天牛。

天牛早积压了很多不满情绪，见蚁后翻脸不认人，立刻揭竿而起，反将蚂蚁王国歼灭……

这又是一个"忘恩负义"的例子，但天牛们却不认同，因为这明明是反霸凌！

（398）

陶宏是畅销书作家，他的每一部小说都能引起广泛的关注和讨论。

某天，助理告诉他有少数人给他的新作《战国风云》打一星，问他怎么办？

"别理！就当没这回事。"陶宏答。

果然喜欢《战国风云》的读者还是占多数，很快分数就拉上来了。

三年后，陶宏又出新书，这次他主动问助理有没有人给差评？

"有，但不多。"助理答。

"买水军，快！"陶宏说。

助理很不解，但照做，很快舆论便站在陶宏这一边。

备注：自从两年前在浴室跌倒伤到头部后，陶宏便不再下笔如有神，但书还得出，谁让他与出版社签下"五年出版两本书"的合同，只能硬着头皮上……

（399）

今天一早醒来，小张发现他的脸上长了两个藤壶，即使刻意用手遮挡，室友小黄还是发现了。小黄一发现，小赵和小许当然也发现了，他们联合起来取笑小张，小张难为情极了，恨不得挖个地洞钻进去。

没想到才半天的工夫，小张所在的312室全数中招，他们的脸上都长了为数不等的藤壶。

兹事体大，校长决定隔天就报告卫生部，结果还没等到清晨的曙光照进校园，整个S大的人全感染了。

这个传染的速度也太惊人了！

当逍遥市市长想着该上报中央还是隐瞒
起来独自解决时，电视新闻传来全国都
感染的消息……

"你得等水烧开了再放姜和盐。"小张
说。

"我妈说先放再烧水。"小黄说。

"别大声嚷嚷，待会儿宿管阿姨又要上
门啰嗦。"小赵说。

"谁先来？"小许拿着小刀说。

312室正在违反宿规煮夜宵，出锅后的
藤壶无需再放味精，撒点儿葱花就很好
吃。

蜗牛爸爸对小蜗牛说："想吃好树莓就得往上爬，最上面的树莓可好吃了！"

于是小蜗牛拼命地爬呀爬，花了好几天的工夫终于爬到最顶端，也终于吃到父亲口中那些好吃的树莓。

"儿呀！好不好吃？"蜗牛爸爸在树下喊。

"好吃。"

蜗牛爸爸很得意，自己的体力大不如前，只能吃靠近树根的树莓，如今儿子小小年纪就吃到最顶端的，这不是挺骄傲的事？

其他蜗牛爸爸见状，也要自己的孩子照做。

当所有的小蜗牛都拼命往上爬时，蜗牛爸爸们全长舒一口气，现在总算有口吃的了。

作者介绍

在异国的背景下加入缠绵悱恻的爱情故事是B杜小说的一大特点，她的文笔清新、笔触诙谐、画面感很强，读完小说有种看完一部爱情偶像剧的感觉，特别适合怀春少女及对爱情有憧憬的女性阅读。

另外，B杜还创作了系列小说（马力历险记、极短篇故事集、巫觋店等），欢迎关注。

ALSO BY B杜

《B杜極短篇故事集 (301～400)》 （繁體字版） A Word to the Wise (Tales 301～400 in traditional Chinese characters)

* * *

《法兰西情人》 Love in France

《东瀛之爱》 Love in Japan

《新西兰之恋》 Love in New Zealand

《英伦玫瑰》 Love in England

《爱在暹罗》 Love in Thailand

《情定布拉格》 Love in Prague

《狮城情缘》 Love in Singapore

《爱上比佛利》 Love in Beverly Hills

《梦回枫叶国》 Love in Canada

《早安，欧巴》 Love in Korea

《我在苏黎世等风也等你》 Love in Switzerland

《迪拜公主的秘密情人》 Love in Dubai

《马力历险记 1 之地球轴心》 The Adventures of Ma Li (1): The Time Axis

《马力历险记 2 之黄金国》 The Adventures of Ma Li (2): Eldorado

《马力历险记 3 之可可岛宝藏》 The Adventures of Ma Li (3): The Treasure of Cocos Island

《B杜极短篇故事集 (1～100)》 A Word to the Wise (Tales 1～100)

www.ingramcontent.com/pod-product-compliance
Lightning Source LLC
Chambersburg PA
CBHW022140050726

47590CB00002B/516